圖說中國的文明

中

帝國的塑造

秦朝至唐朝

劉煒 張倩儀 ●── 編著
李學勤 葛兆光 ●── 顧問

商務印書館

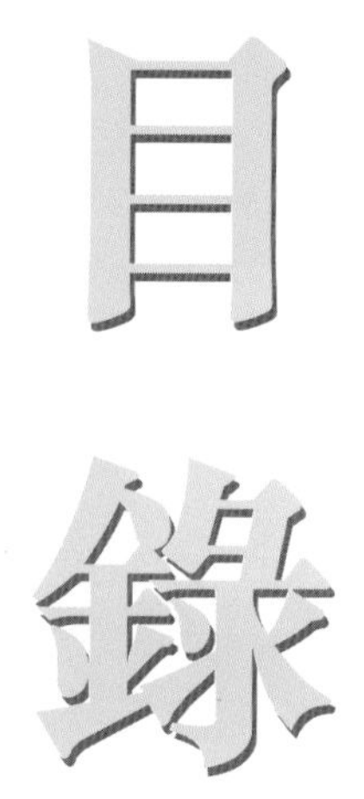
目錄

商務印書館 讀者回饋咭

請詳細填寫下列各項資料，傳真至2764 2418，以便寄上本館門市優惠券，憑券前往商務印書館本港各大門市購書，可獲折扣優惠。

所購本館出版之書籍：________________

購書地點：________________ 姓名：________________

通訊地址：________________

電話：________________ 傳真：________________

電郵：________________

您是否想透過電郵收到商務文化月訊？ 1□是 2□否

性別：1□男 2□女

年齡：1□15歲以下 2□15-24歲 3□25-34歲 4□35-44歲 5□45-54歲
6□55-64歲 7□65歲以上

學歷：1□小學或以下 2□中學 3□預科 4□大專 5□研究院

每月家庭總收入：1□HK$6,000以下 2□HK$6,000-9,999 3□HK$10,000-14,999
4□ HK$15,000-24,999 5□HK$25,000-34,999 6□HK$35,000或以上

子女人數（只適用於有子女人士） 1□1-2個 2□3-4個 3□5個以上

子女年齡（可多於一個選擇）1□12歲以下 2□12-17歲 3□17歲以上

職業：1□僱主 2□經理級 3□專業人士 4□白領 5□藍領 6□教師
7□學生 8□主婦 9□其他

最多前往的書店：________________

每月往書店次數：1□1次或以下 2□2-4次 3□5-7次 4□8次或以上

每月購書量：1□1本或以下 2□2-4本 3□5-7本 4□8本或以上

每月購書消費：1□HK$50以下 2□HK$50-199 3□HK$200-499
4□HK$500-999 5□HK$1,000或以上

您從哪裏得知本書：1□書店 2□報章或雜誌廣告 3□電台 4□電視 5□書評/書介
6□ 親友介紹 7□商務文化網站 8□其他 (請註明：________________)

您對本書內容的意見：________________

____

您有否進行過網上買書？ 1□有 2□否

您有否瀏覽過商務文化網站 (網址：http://www.commercialpress.com.hk)？ 1□有 2□否

您希望本公司能加強出版的書籍：

1□辭書 2□外語書籍 3□文學/語言 4□歷史文化 5□自然科學 6□社會科學
7□醫學衛生 8□財經書籍 9□管理書籍 10□兒童書籍 11□流行書
12□其他（請註明：________________）

根據個人資料「私隱」條例，讀者有權查閱及更改其個人資料。讀者如須查閱或更改其個人資料，請來函本館，信封上請註明「讀者回饋咭-更改個人資料」

請貼
郵票

九龍紅磡
鶴園東街4號
恒藝珠寶大廈二樓
商務印書館(香港)有限公司
顧客服務部收

本書使用說明

特別版面

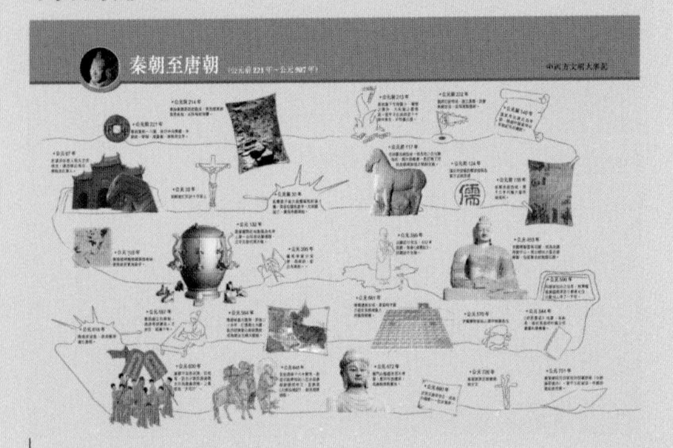

中西方文明大事記

概述中國及西方的重要文明歷史發展

特別版面

近攝鏡

以特大圖像展示中國最具代表性的人、事或物

版面體例及表達形式

內容主題

迷信色彩瀰漫的世界

▲ 鎮邪俑

漢朝人為了躲避災異鬼怪，臆想出許多鎮邪除妖的神人。這是一個陪葬墓中的鎮邪俑，表情猙獰，具有威懾力。

漢朝皇帝注重文治教化，崇尚儒學。但是他們同秦始皇一樣，
朝命運的陰陽五行學說情有獨鍾。由於改朝換代的政治需要，
稱天子，提倡天神崇拜，對天神的信仰也隨而引伸為對皇帝的
政治家改造儒學和道教，賦予了陰陽五行的色彩。還根據陰陽五行學重新建立了一套適應漢朝統治的國家宗教法典。從此披上神聖外衣的宗教，在漢朝大行其道，廣為傳播，成為鞏固國家統治的精神力量。

漢朝朝野上下都籠罩在鬼神觀念和神秘的氣氛中，怪異學說肆意橫行，滲透到社會的每個角落。以鬼神觀念觀察自然萬物，以陰陽五行處理社會事物，已經成為漢朝人特有的思維方式。

曾經受到秦始皇器重的神仙家，受了很久的冷落之後，到漢朝中期又活躍起來。

► 陶製的載人神鳥

山東一帶是戰國齊國舊地，也是神仙學派的發源地。他們宣揚的仙境和長生不老的仙藥，都集中在齊國蓬萊海中。為秦始皇尋找仙藥的徐福也發跡於此。這件出土於山東的漢朝貴族墓葬的隨葬品，就是齊國神仙風氣盛極的產物。這是漢朝神仙家宣揚的神鳥，可以將墓主人以及生前享受的宴樂歌舞的生活，一同載入仙境。

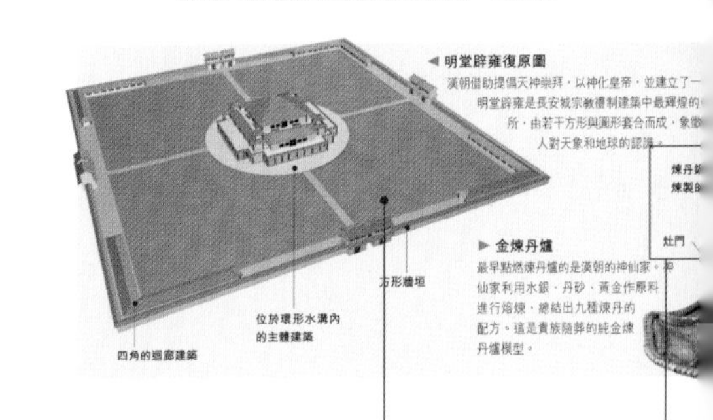

◄ 明堂辟雍復原圖

漢朝借助提倡天神崇拜，以神化皇帝，並建立了一
明堂辟雍是長安城宗教禮制建築中最輝煌的
所，由若干方形與圓形套合而成，象徵
人對天象和地球的認識。

► 金煉丹爐

最早點燃煉丹爐的是漢朝的神仙家。神仙家利用水銀、丹砂、黃金作原料進行熔煉，總結出九種煉丹的配方。這是貴族隨葬的純金煉丹爐模型。

復原圖

根據歷史資料，利用繪畫或電腦製作的復原圖，重現歷史場景

圖標

指出圖像的細節

歷史專題

由一組內容主題組成，對特定專題作多層次、多角度探討

胡風激盪的樂舞

他們強調人修煉成仙，便可以享受世外清閒安逸的仙人生活。這種思潮對於希求永遠享受榮華富貴、達到長生不老境界的統治者，有極大吸引力。而神仙家又有與仙人溝通的方術，可以幫助世人到達仙境。漢武帝迷信神仙家的程度，更遠遠超過秦始皇。他在位五十年間，執教地追訪仙境和長生不老的仙藥。在他的親自倡導下，神仙家異軍突起，甚至成為社會地位顯赫、左右國家政治的重要力量。土生土長的鬼神觀念和修煉成仙的信仰，經過漢朝的宣揚，更加深入人心，影響深遠。

神仙家首先發現的火藥

漢朝的神仙學家熱衷於研究令人長生不老的丹藥。他們在煉丹過程中，偶然把硫黃、硝石、雄黃、含碳物等藥材混在一起加熱，意外發生爆炸，從而認識到這幾種物料的燃爆性能，並將之記錄下來。後來軍事家由此進一步研究，終於掌握了火藥的化學成分，並在公元9世紀以後發明了火藥武器。

臂上有羽翅紋

► 羽翼仙人
這是漢朝神話中宣揚的仙人形象。仙人身披羽毛，背有羽翼，兩隻大耳高高豎立過頭頂。

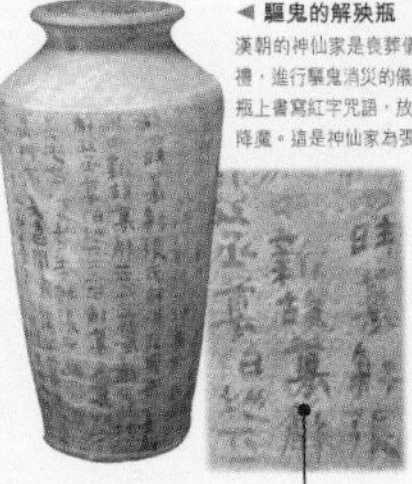

燈座

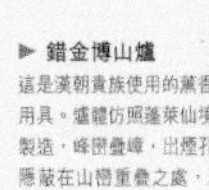

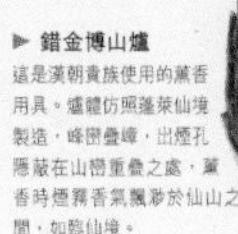

◄ 驅鬼的解殃瓶
漢朝的神仙家是喪葬儀式中的首要人物，由他們主持葬禮，進行驅鬼消災的儀式。儀式進行時，神仙家在一個陶瓶上書寫紅字咒語，放在死者身旁，為死者及其家族驅鬼降魔。這是神仙家為張氏家族驅鬼的解殃瓶。

► 錯金博山爐
這是漢朝貴族使用的薰香用具。爐體仿照蓬萊仙境製造，峰巒疊嶂，出煙孔隱蔽在山巒重疊之處，薰香時煙霧香氣飄渺於仙山之間，如臨仙境。

圖像分解

資訊框

提供與正文相關的歷史資訊

地圖附中國全圖，標示有關地區在全中國的實際位置

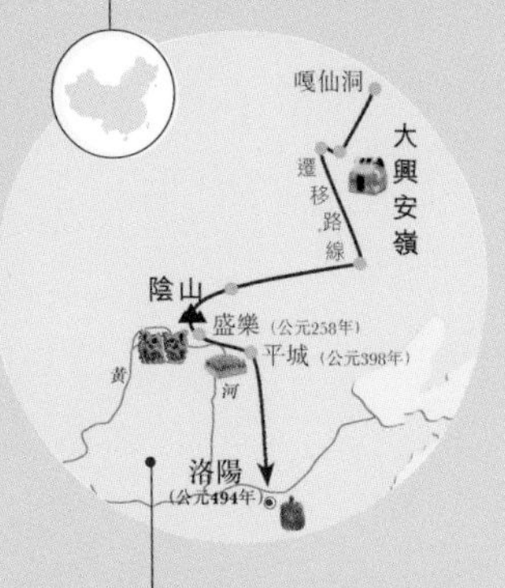

局部圖

將值得注意的圖像局部放大展示

圖像欄

展示多元化圖像，包括文物圖、數據圖表、地圖、示意圖、繪畫或電腦製作的復原圖等，配上簡單的文字介紹

地圖

扼要交代地理觀念

秦朝至唐朝 （公元前 221 年～公元 907 年）

• 公元前 214 年

秦始皇建築西起臨洮、東至遼東的萬里長城，以防匈奴侵擾。

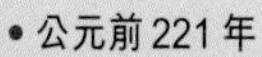

• 公元前 221 年

秦始皇統一六國，推行中央集權，全國統一幣制、度量衡、車軌和文字。

• 公元 67 年

東漢明帝派人到天竺求佛法，建洛陽白馬寺，佛教自此傳入。

• 公元 33 年

耶穌被釘死於十字架上

• 公元前 30 年

凱撒養子屋大維獲羅馬統治權，是首位羅馬皇帝。共和國滅亡，羅馬帝國開始。

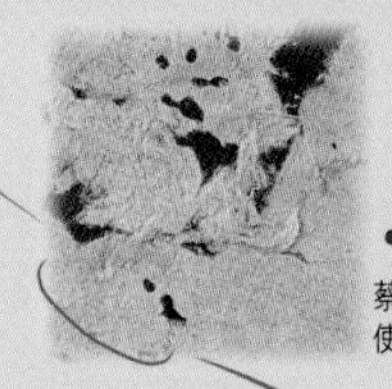

• 公元 105 年

蔡倫發明植物纖維造紙術，使造紙術更為進步。

• 公元 132 年

張衡創製的地動儀為世界上第一台探測地震儀器，次年又發明渾天儀。

• 公元 395 年

羅馬帝國分成東、西兩部，從此未再統一。

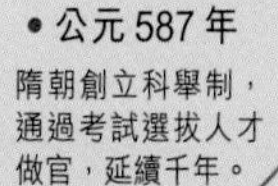

• 公元 587 年

隋朝創立科舉制，通過考試選拔人才做官，延續千年。

• 公元 584 年

隋朝修築大運河，前後二十多年，打通南北水運，配合經濟重心南移趨勢，成為南北交通大動脈。

• 公元 618 年

隋煬帝被殺，李淵稱帝建立唐朝。

• 公元 630 年

唐朝平定西突厥、回紇等，西北少數民族擁戴太宗為最高領袖，上尊號為“天可汗”。

• 公元 645 年

玄奘遊學十六年歸來，把從印度帶回的六百多部佛經翻譯成中文，並撰寫《大唐西域記》，記其遊歷過程。

中西方文明大事記

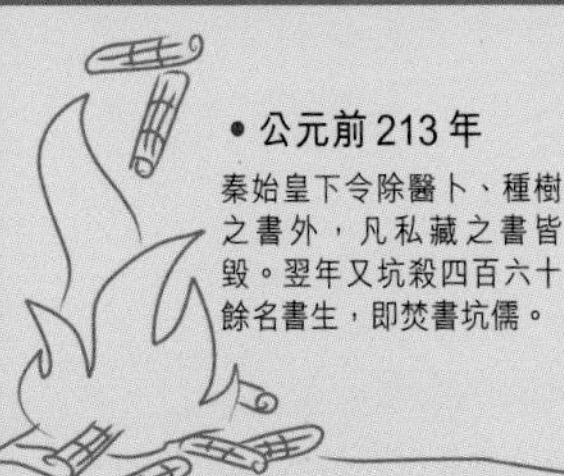

- **公元前 213 年**
  秦始皇下令除醫卜、種樹之書外，凡私藏之書皆毀。翌年又坑殺四百六十餘名書生，即焚書坑儒。

- **公元前 202 年**
  劉邦打敗項羽，建立漢朝，改變秦朝苛政，採用寬鬆國策。

- **公元前 140 年**
  漢武帝以建元為年號，開創中國皇帝以年號紀年的傳統。

- **公元前 117 年**
  名將霍去病逝世。他先後六次出擊匈奴，與大將衛青一起打通了河西走廊與西域之間的交通。

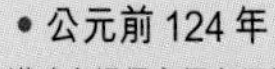

- **公元前 124 年**
  漢武帝提倡定儒家經學為官方正統思想

- **公元前 138 年**
  張騫出使西域，歷十三年而獲大量西域資料。

- **公元 399 年**
  法顯西行求法，412 年返國，著有《佛國記》，記載途中見聞。

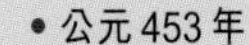

- **公元 453 年**
  北魏開鑿雲崗石窟，成為北魏佛教中心。南北朝有大量石窟開鑿，包括著名的敦煌石窟。

- **公元 500 年**
  科學家祖沖之去世，他準確推算圓周率至小數後七位，比歐洲人早了一千年。

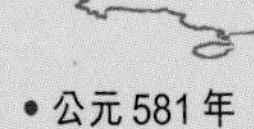

- **公元 581 年**
  隋朝建長安城，是當時中國乃至世界規模最大的國際都會。

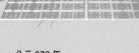

- **公元 570 年**
  伊斯蘭教創始人穆罕默德出生

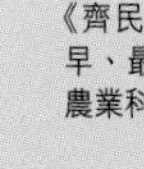

- **公元 544 年**
  《齊民要術》成書，是最早、最有系統的中國古代農業科學專著。

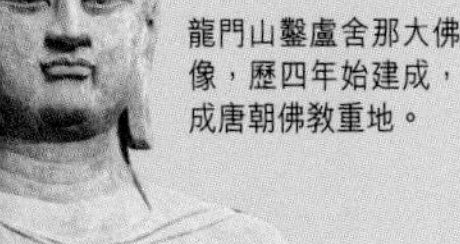

- **公元 672 年**
  龍門山鑿盧舍那大佛像，歷四年始建成，成唐朝佛教重地。

- **公元 690 年**
  武則天廢帝自立，成為中國唯一一位女皇帝。

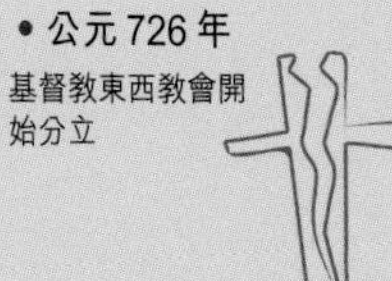

- **公元 726 年**
  基督教東西教會開始分立

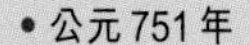

- **公元 751 年**
  唐軍被阿拉伯軍敗於怛羅斯城（今俄羅斯境內），軍中工匠被俘，中國的造紙術西傳。

秦始皇創立的帝國制度

▲ **秦詔版**

這塊青銅詔版，原應置於宮廷重要器具之上。詔令的意思是：秦始皇二十六年兼併天下，庶民安居樂業，立皇帝稱號。乃詔令丞相隗狀（人名）、王綰，制訂法令統一度量衡，將混亂狀況統一起來。

公元前3世紀以後的六百年間，歐亞大陸進入了嶄新的大帝國時代，更是時勢造英雄的時代，東方秦漢帝國的秦始皇和漢武帝；西方羅馬帝國的凱撒、奧古斯都等傑出的統治者，相繼登上歷史舞台。

公元前221年，秦始皇實現了三十三世秦王數百年來浴血奮鬥的夢想，創建了中國第一個多民族的統一帝國，並給中國帶來翻天覆地的巨變。秦始皇面對統治下前所未有的幅員遼闊的國土和多民族的臣民，設計出一套治理帝國的構架：推行皇帝制度、郡縣制度、官吏制度、法律以及統一貨幣、度量衡和文字等全國一體化的措施。這套突出國家意志、以皇帝為中心的中央集權體制，在短短的幾年間，使大帝國的觀念深入民心，無處不在。鐵一般嚴明的法律，更成為秦人生活的準則，令秦朝的社會秩序井然而冰冷刻板。但更重要的還是它對統一帝國產生的影響。秦朝滅亡後，皇帝唯我獨尊的觀念，以皇帝為首的中央政府體制，以至由皇帝任命地方長官的做法，都被沿用下來，並且持續發展，

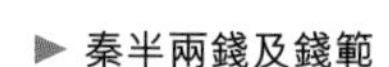
有六個錢模，一次可鑄六個半兩錢
中間可以用繩串連，方便攜帶

► **秦半兩錢及錢範**

秦始皇頒佈統一貨幣的詔令，貨幣由國家專責鑄造，保證了國家稅收，也促進了商品流通。漢朝百業興旺，秦始皇統一貨幣可謂功不可沒。新幣分兩等，黃金為上幣，銅錢為下幣，依其重量，稱"半兩"，價值單一，便於換算，在日常交易中流通使用。這種銅錢流通了二千多年，直至清朝。

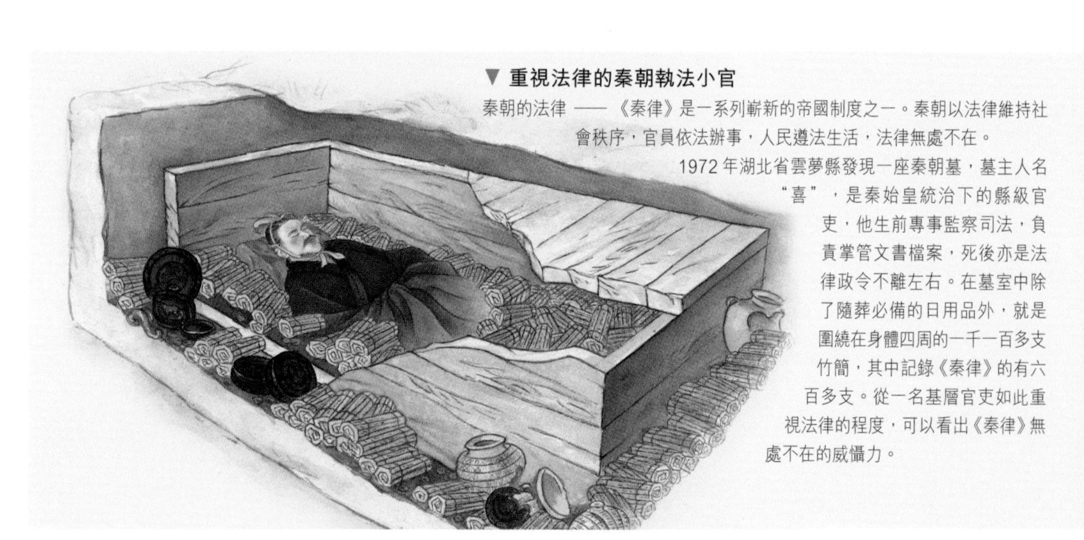

▼ **重視法律的秦朝執法小官**

秦朝的法律 ——《秦律》是一系列嶄新的帝國制度之一。秦朝以法律維持社會秩序，官員依法辦事，人民遵法生活，法律無處不在。

1972 年湖北省雲夢縣發現一座秦朝墓，墓主人名"喜"，是秦始皇統治下的縣級官吏，他生前專事監察司法，負責掌管文書檔案，死後亦是法律政令不離左右。在墓室中除了隨葬必備的日用品外，就是圍繞在身體四周的一千一百多支竹簡，其中記錄《秦律》的有六百多支。從一名基層官吏如此重視法律的程度，可以看出《秦律》無處不在的威懾力。

形成大一統、中央集權帝國的基本模式，一直貫穿在中國帝制的歷程中。而全國一體化的措施更是植根人心，往後的二千年，中國統一多、分裂少與此有很大關係。

如此氣勢磅礴而縝密細緻的帝國制度，成形於紙張還未出現，文書還靠竹簡傳遞的時代，不能不説是一個奇跡。但是，中國人為秦始皇這一前無古人的成就也付出了沉重的代價。

▲ 秦磚上的小篆

秦始皇的詔令傳到廣西，由於文字不同，當地人不懂詔令內容。秦始皇為了盡快推行國家法令，廢除了六國舊文字，小篆成為全國統一的法定文字。這是秦朝都城宮殿用磚，以小篆刻“海內皆臣，歲登成熟，道無飢人”十二個字，讚揚秦始皇統一天下，所有人都是他的臣民，國家強盛，國庫充實，人民不憂飢餓。

◀ 秦陶量

針對戰國末年各諸侯國度量衡制的混亂情況，秦始皇將百多年前由商鞅制訂的制度推行全國，頒佈了統一度量衡的詔令，並規定各地必須使用刻上詔令的官定計量標準器。為保證統一和準確，計量器需要每年接受檢定。

▼ 咸陽宮宮殿模型

秦朝定都咸陽。為了體現大一統帝國的氣勢，秦始皇極盡全國財力，將他親手滅亡的六國王宮建築的精華，都集中仿建在咸陽宮中，顯示了秦人唯大是求的傳統風格。這是根據秦始皇大典和朝會的王宮——咸陽宮遺址復原的模型，只是咸陽宮其中的一座宮殿。

秦始皇巡視天下

秦始皇完成統一天下的霸業，頒佈一系列的新制度、新法規以後，首先遭到戰國六國舊貴族的強烈反對，平民百姓也處於惶恐之中。為了宣揚皇帝的聲威和帝國的意志，震懾六國的反秦勢力，秦始皇五次大規模巡視天下。這支巡視大軍，實際上是宣傳隊，形象地將皇帝的威嚴和聲勢、朝廷的政令和制度，最生動、最鮮明地傳播到全國各地，使上至地方各級官吏，下至普通平民百姓都能夠盡快了解到強大的帝國已經出現的社會變革。

秦始皇巡視的區域，主要集中在六國舊地，即中原、華北、華東一帶。他在沿途以皇帝的名義祭祀名山大川，表示自己受命於天，代表天神的旨意統治國家，是山河萬物的主宰。他還在沿途建立大型紀念碑，刻辭頌揚皇帝的偉大功績，誇耀秦帝國的空前強大。並要求全體國民都具備為國家、為皇帝獻身的精神。

臣

帝

▲ 琅邪刻辭

秦始皇沿途祭祀名山大川，並刻石記功，現僅存泰山刻石和琅邪刻石的殘文。這琅邪刻辭是標準的秦朝小篆，刻於秦建國後第三年（公元前219年）。

然而，秦始皇這種源於軍事戰爭的思維和行為，影響了他的治國方向。在征戰中建立的絕對權威，曾使秦國完成統一大業。但統一後，絕對權威蛻變成秦始皇的專斷孤行，以致全面實行苛法和暴政。結果，艱苦創立的帝國，只十五年就滅亡了。

秦始皇留給後世相當超前的統一大帝國的概念、令人驚奇的文化上的同一性，從此在中國人的心中根深蒂固，連綿不斷，甚至凝固為民族的精神。歷朝歷代將統一視為正統，分裂視為逆流，這在世界上是獨一無二的。崇敬皇權、服從皇權也成為中國人的傳統。

▼ 秦始皇的出行隊伍

秦始皇的出行隊伍浩浩蕩蕩，由丞相和中央政府的高級官員組成。前面有主導車，隨後是秦始皇的安車和高級官員的乘車，四周由眾多馬車組成車隊。每輛車上有馭手和弓箭手，兩側還有步兵護衛，總計出行隊伍達一千五百人。

▼ 秦始皇的出巡路線

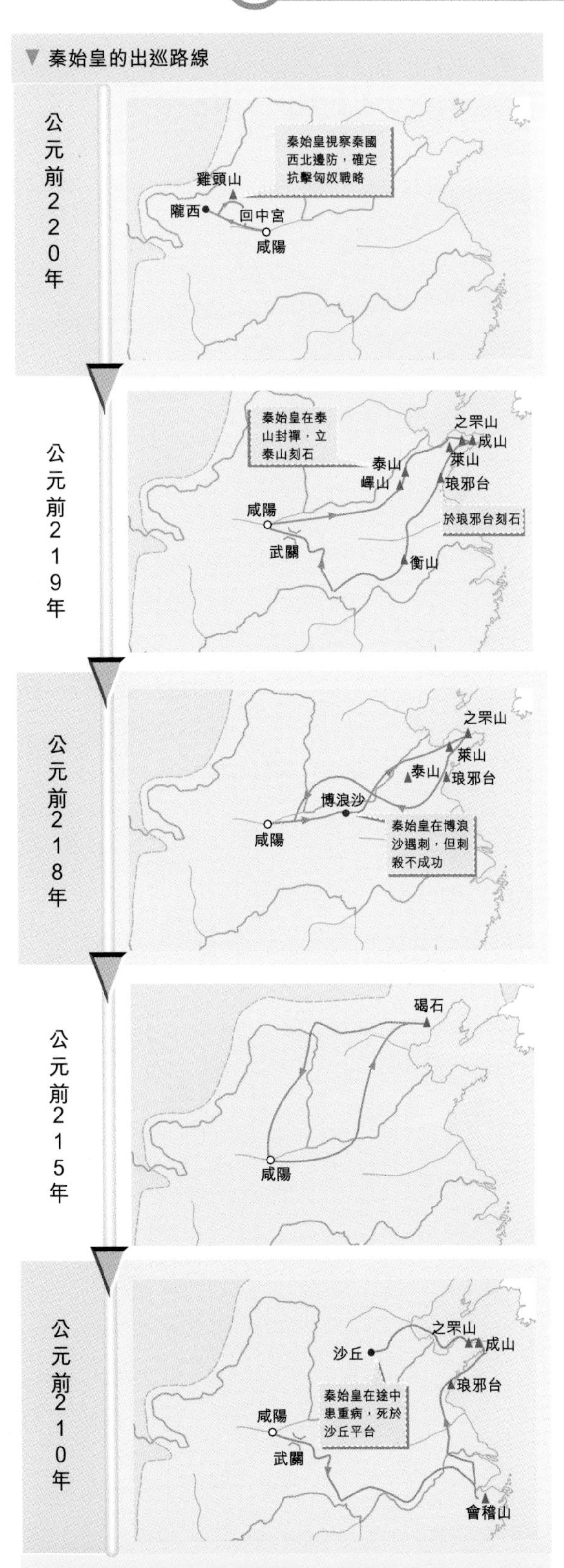

國家的命脈 —— 水陸新幹線

▲ **古棧道**

位於四川廣元，由關中唯一通向巴蜀的古棧道。在深山峽谷的懸崖峭壁上鑿孔、架木鋪板而成的人工通道。

歐亞大陸上的各大帝國在擴張領土以後，都精心規劃着國家的基本設施，修建交通網是各帝國不約而同的重大舉措。羅馬帝國修建了長 1677 英里的御道，沿途設立一百多個驛站，與埃及和印度的道路相連；印度的御道也很長，與中東和中亞的道路相連。這些交通網都是商路，為國際商業貿易的興起發揮了重大的作用。而東方秦漢帝國的交通建設幾乎是與西方同步的，只是秦朝是軍事之路，漢朝則轉變為商路，並與絲綢之路相連接。

秦朝的版圖比統一前擴大了十幾倍，為了管理和控制幅員遼闊的帝國，使國家的法令迅速下達全國，秦始皇下令大規模興建以首都咸陽為中心、向四方八面輻射的陸路和水路交通幹道。全國由馳道和直道形成主幹道，《秦律》規定了主幹道和車輛的規格，另以密集簡捷的小路與主幹道配合，構成全國發達的交通網絡。這些工程艱巨浩大，規劃比羅馬的御道和驛站更加細緻而嚴密。

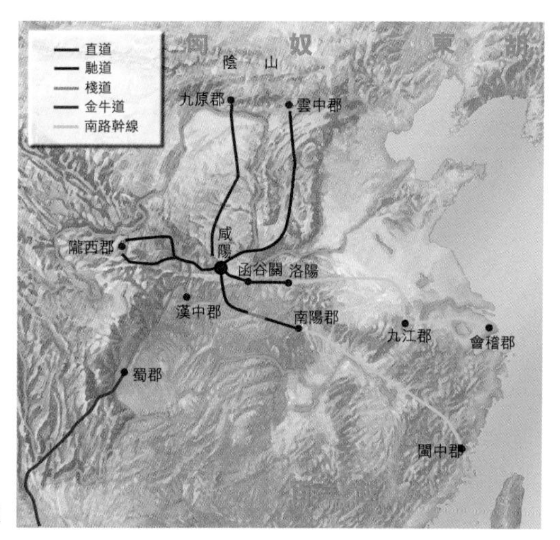

► **秦朝主要交通幹線**

發達的交通網絡是支援秦朝二百萬軍隊的基礎。每天源

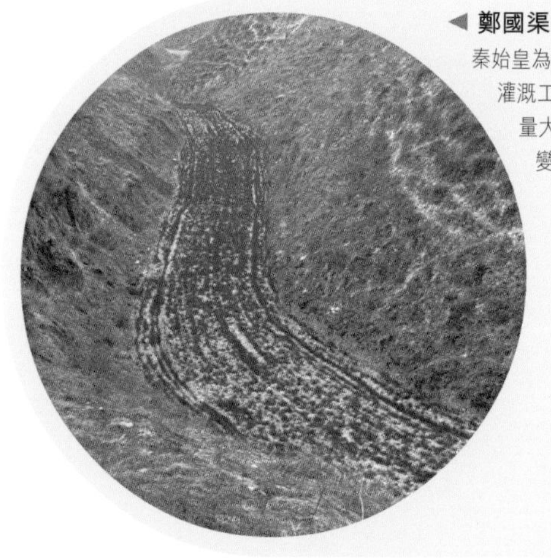

◄ **鄭國渠遺址**

秦始皇為解決軍隊所需的糧草，公元前 236 年在咸陽之北建成鄭國渠。這是一項引水灌溉工程，從涇河引水，最終注入洛河。全長 150 公里，灌區 280 萬畝。涇河含沙量大，鄭國渠引出的泥水不僅灌溉了旱田，還將大面積的低窪易澇的沼澤鹽鹼地變為良田。從此，關中地區連年豐收，成為產糧基地。

► **今日靈渠**

秦始皇為了打通中原與西南地區的交通，開鑿了全長 30 公里的靈渠。秦軍當年就是經這條水道征服百越，直抵南海之濱。此後，靈渠在二千年間得到歷代政府的重視，一直發揮水路運輸作用。直至 20 世紀初修建鐵路，靈渠才完成了歷史使命。

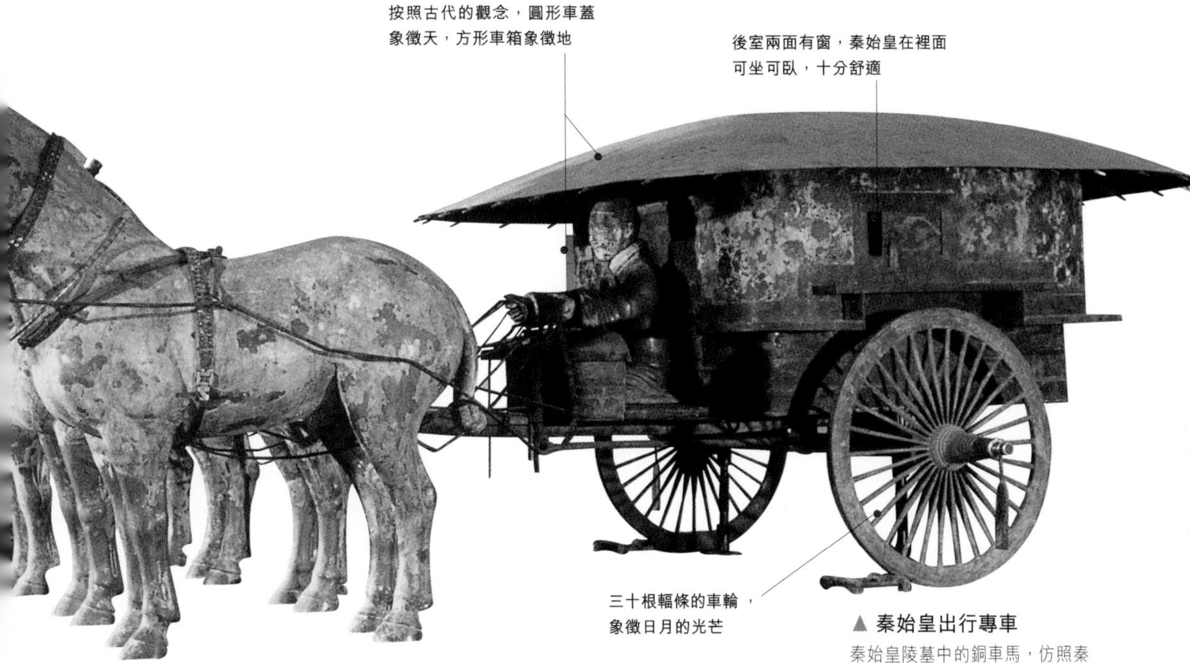
按照古代的觀念，圓形車蓋
象徵天，方形車箱象徵地
後室兩面有窗，秦始皇在裡面
可坐可臥，十分舒適
三十根輻條的車輪，
象徵日月的光芒

▲ **秦始皇出行專車**

秦始皇陵墓中的銅車馬，仿照秦始皇生前的專車 —— 安車製造，是秦朝最高等級的乘車，由四匹馬拉動，車分前、後室，由中間的窗隔開，馭手在前室操控，秦始皇坐在後室。他第五次巡視就是乘坐這種車。車和馬共由三千四百個青銅鑄件組成，應是秦朝集中六國工匠精英製作的。

源不斷把物資運送給軍隊。陸路是用牛馬車馱運，水路則依靠船載。在秦滅楚的戰爭中，秦軍六十萬人，三天耗糧二十萬石，僅此一項就要徵用一萬頭牛或五千艘船。由於軍需供應的特殊性，秦朝還開鑿了靈渠和鄭國渠，這兩大運河在當時是中國以至世界上最偉大的水利工程，在水路運輸以至農田灌溉中發揮了重大作用。

▲ **靈渠陡門**

陡門相當於現代的船閘，是保障船隻能夠逆水行駛的設施，可説是人類運河史上的傑作。

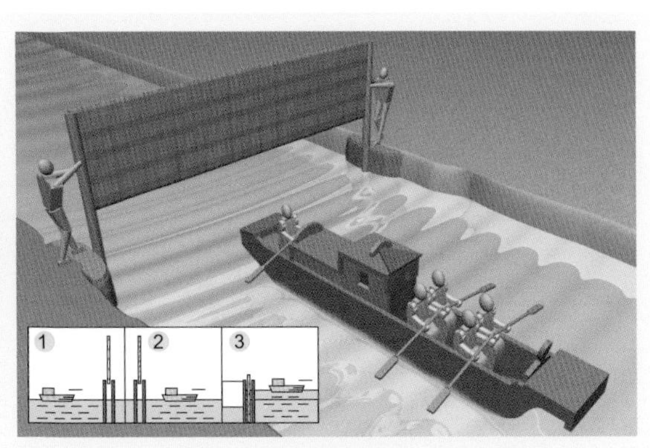
1
2
3

▲ **陡門操作示意圖**

為了便於逆水行船，靈渠上建有多座梯級船閘，稱陡門。行船逆水駛入陡門後，下閘截水，抬高船體，使船隻平穩進入更高一級水位。

尚武精神激勵下的國民

秦人崇尚勇武的精神，被秦始皇融入到軍事管理體制中發揚光大了。

秦國利用法律培養全民的重戰精神，實行全國軍事化，推行義務兵役制。法律規定凡十五至六十歲的男子，都要應徵入伍。農民平時種地，戰時出戰。當時秦國幾乎每個男子都是軍人，每個家庭都是軍隊的後援，為掃平東方六國提供了充足的兵源。秦國在爭霸戰爭中，軍事力量遠遠超越東方六國。秦統一後有人口二千萬，秦軍總數二百萬，佔全國人口的十分一，軍隊人數比後來伐匈奴、開絲路、窮兵黷武的漢武帝時代還多一倍。若加上間接服務於軍隊的後備力量，遠遠超出二百萬人。

▲ **威猛善戰的秦軍**

秦始皇兵馬俑表現了百萬秦軍將士崇尚勇武，威猛善戰，稱霸東方，有着鮮明而強烈的時代風貌。

戴鶡冠，屬於軍陣中官階最高的將軍，是統率萬人部隊的校尉

用絲線編製的纓，是高級軍官的標誌，相當現代軍人的肩章

► **出征的將軍**

秦軍的指揮系統有平時和戰時之分，平時不設固定的統帥，以免擁兵自重。出征的將軍都是由皇帝臨時任命。戰爭結束後，將軍一律解除兵權。這是秦兵馬俑坑出土的將軍俑。從冠帽到戰服裝飾都顯示了秦軍等級森嚴已經達到細緻入微的程度。

◄ **軍功封爵者的禮器之一**

殺敵立功的軍人享有爵位、官職和田宅，是社會地位最高的新興貴族，甚至比沒有軍功的皇家宗室地位還顯赫，他們享受特權和榮耀。這是用於洗手的禮儀用器，在典禮或宴會前使用。精緻典雅的日常用具是軍功封爵者奢華生活的反映。

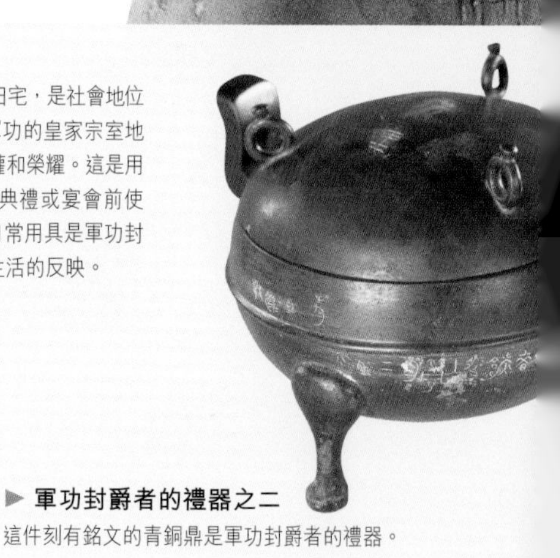

► **軍功封爵者的禮器之二**

這件刻有銘文的青銅鼎是軍功封爵者的禮器。

▼ 中年士兵

秦始皇獎勵建功立業的英雄，在戰場上殺敵立功者，可以按殺敵數量賜予爵位和田宅，稱“軍功賜爵”。形成秦人為戰爭而生，為戰爭而死，並以此為榮耀的社會風尚。秦軍在戰場上個個英勇無敵，被譽為“安難樂死”的軍隊。然而，“軍功賜爵”致使秦軍肆虐濫殺，野蠻成性。每戰計功賜爵達萬人之多，秦國被稱為“上首功之國”，意思是以斬首級論功的國家。

秦始皇對於控制和建設這支強悍武力，是經過精心策劃的。軍事體制與政府的管理機構相應，皇帝身兼軍、政兩方面的最高統帥，軍隊各級軍官由他親自任免，軍隊調動必須出自他的詔令。皇帝以下的各級政府，都由軍、政兩方面的官員組成，各級政府都管轄相應數量的軍隊，從而構成一個由皇帝嚴密集權的軍事體系。

◀ 青年士兵

秦政府對士兵的身分有嚴格的規定，罪犯、奴隸以至商人，都沒有擔任正式士兵的資格。士兵的組成，以農民為主，他們平時種地，戰時出戰，稱為“農戰之士”。

► 軍功封爵者的裝飾品之一

這串瑪瑙是軍功封爵者日常佩戴的裝飾品。

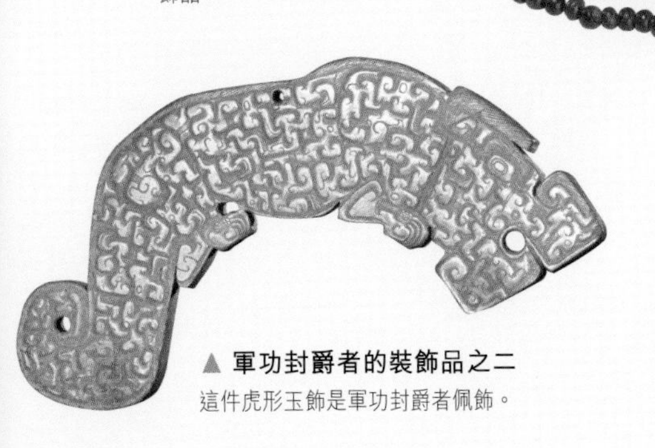

▲ 軍功封爵者的裝飾品之二

這件虎形玉飾是軍功封爵者佩飾。

“即死矣”

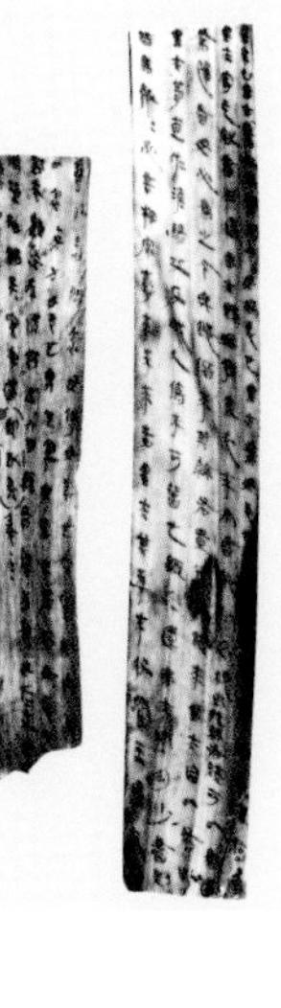

► 士兵的家書

秦國法律規定，農民在服役期間，除軍服以外，內衣和個人用品一律自理。這對於貧苦農民而言，無疑是雪上加霜。這是兩個士兵在木牘上寫的家書，真實記載了秦朝士兵的淒苦生活。他們不約而同地要求家人緊急寄錢和布，以便縫製衣服。如果寄不來，“即死矣！”

秦軍的兵種與裝備

▲ **秦俑坑出土的銅箭鏃**

在兵馬俑坑中出土大量箭鏃，以定向性和穿透力很強的青銅三稜形箭鏃為主。與弩機配套，是殺傷力最強的武器。

秦始皇為了在統一六國的戰爭中取得勝利，在培養秦人好戰精神的基礎上，積極調整兵種，改良軍備，以適應大規模的軍團式戰爭，並承續戰國以來的趨勢，以騎、步兵作為秦國軍隊的主力。

秦國重視騎兵的建設，在七國中最早成立騎兵部隊，是獨立的高度正規化的兵種，也是人數最多，質素最高，戰鬥力最強的。秦軍的戰馬品種優良，一躍達5米跨度的有萬多匹，年輕力壯、身材高大的騎士則是從盛產戰馬的西北地區徵調來的。戰國各國的騎兵，一般不穿鎧甲，防護能力有限。秦國則發明了騎兵專用的輕型鎧甲，使騎兵具有攻防兼備的優勢。達到總兵力六分之一的騎兵軍團，在秦國統一戰爭中充分發揮了主力作用。一直從屬於戰車的步兵，以靈活機動、不受地形限制的特點脫穎而出，也成為軍隊的主要兵種，甚至成為決定戰爭勝負的重要力量。

輕巧的背心形鎧甲，方便騎馬

▲ **牽馬騎士**

戰馬高1.33米，騎士高1.8米以上。當時騎兵的裝備尚處於初創階段，只有馬鞍，未有馬鐙，騎士兩腳懸空，沒有着力點，不利於馬上格鬥，戰鬥力受到局限。

秦國為了加強士兵的攻防能力，還根據不同官階、兵種、任務性質、地理環境和戰術運用，配置不同的鎧甲和武器。秦軍特別留意長、短兵器的搭配。步兵和騎兵都配備長兵器，他們克服了西周車兵使用長兵器時轉彎、調動、進攻都不靈活的缺點，使長兵器在近距離交鋒時能夠盡情發揮威力；在近距離肉搏時，則以更加靈活的短劍應戰。至於主要由步兵使用的弩機，更是一種射程達到數百米的遠程武器，瞬間密集發射的威力，沒有任何武器可以抵抗。

秦始皇在推行新軍事體系時，世界另一端的各帝國都經歷了軍隊改革的過程。羅馬軍隊組成與秦軍體制極其相似的步兵和騎馬混合編隊的軍團，配合靈活機動的戰略戰術，成功地征服了巴爾幹島和西西里島。

◀ 青銅弩機及弩機結構圖

古代的弓箭，作用相當於現代的槍械，是一種在遠距離殺傷的武器。戰國時期弩機發明後，廣泛用於混合兵種的大規模軍團戰爭中。秦軍又將弩機的機件加大，臂長達到72厘米。作戰使用的大型弓最長有1.6米，箭也相應加長，射程可達數百米。這樣射擊網面就更加廣闊，殺傷力更強。

◀ 青銅戈

青銅戈是騎步兵在近距離交鋒時使用的主要長兵器。這是戈的頭部，原來有木柄連着。秦軍的青銅兵器剛韌鋒利，至今仍然寒光閃爍。這是經過表層鍍鉻或鉻鹽氧化處理工藝，有很強的抗腐蝕性。這種工藝直到公元20世紀才先後被德國人和美國人發明，並取得專利。而早在二千年前的秦人就掌握了在青銅武器上鍍鉻的技術。

短袖鎧甲，確保手部靈活，方便持弩

◀ 跪射弩兵

屬於步兵中殺傷力最強的兵種，與戰車和一般步兵混合編隊。弩兵是軍陣的前鋒和側翼。交戰時，弩兵一馬當先，萬箭齊發，造成遠距離的射擊網面，遏制敵軍的攻擊力。這種軍陣對付橫向移動困難的戰車陣形尤其有效，能夠先發制人，挫傷敵人鋭氣，為其他兵種的衝鋒取得了戰機。

◀ 重裝鎧甲馭手與護手甲

馭手控制戰車的進攻、追擊和撤退，是整個作戰集體的靈魂人物。馭手目標顯著，防禦裝備與眾不同，是非常嚴密的全蔽式重裝鎧甲，除了防護身體外，連脖子和手臂都有防護。

► 兵士的鞋底

士兵的軍裝、鎧甲是由國家供應的，而內衣、鞋帽是由士兵自備的。這是用麻布製作的鞋，既結實耐磨，又柔軟，尤其鞋底是將多層布黏合後，用麻線很細密地縫起來。這種傳統製鞋工藝，直至今天的邊遠鄉村依然存在。秦朝步兵和車兵穿這種麻布鞋，高級將領和騎兵穿皮靴。

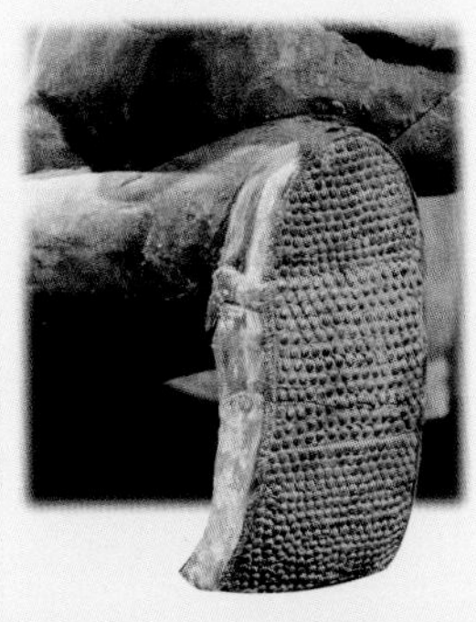

世界第八奇跡 —— 秦始皇陵兵馬俑

秦始皇陵兵馬俑首次讓世人目睹了秦國百萬大軍的雄姿。兵馬俑的四個俑坑之中，三個已經復原，分別是秦軍的臨戰軍陣、營地和作戰指揮部，七千多尊將士俑和數百匹戰馬、百多輛戰車，一律面向東方，重現了秦軍統一天下的氣魄。

▼ 一號坑 —— 臨戰軍陣

▲ 二號坑（營地）出土現場

▲ 三號坑 —— 指揮部

秦始皇的地下帝國

▲ **秦始皇像**

秦始皇完成了先祖要到黃河牧馬的夢想，終於君臨天下。可是也因為他過分虛耗民力，令秦人數百年來的經營毀於一旦。

秦始皇的地下世界，就是他的地上帝國再現！

他是中國第一個皇帝，統治着幅員空前遼闊的國土，而且開創了一套帝國制度。秦始皇很為自己的成就自豪，他相信他的帝國和制度可以萬世不墜。為了表現他鯨吞天下、統一宇內的氣概，秦始皇陵的地宮，在半球形的頂部，畫上宇宙穹蒼的日月星辰等天文圖象；地面模仿秦朝疆域的地理形勢，還以水銀灌注而成江河和大海，用機械使它循環流動；兩旁陳列從被滅的六國掠奪回來的奇珍異寶。秦人的宇宙觀、數學運算和機械技術，在地宮裡發揮得淋漓盡致。著名的兵馬俑坑，不過是拱衛陵墓地宮的許多外圍陪葬坑之一。

秦始皇沒有料到，他修築萬里長城、建全國馳道、花了三十七年建造驪山陵墓，種種大型工程，耗透了民力，人民怨聲載道。他死後幾年，他的帝國就被推翻。秦人用了五百年時間，才由西陲小附庸變成中央大帝國，結果在過大的宏圖中灰飛煙滅。

► **大型夔紋瓦當**

這塊直徑達61厘米的瓦當在寢殿出土。寢殿是陵墓的地面建築，是秦始皇的"靈魂"起居和處理朝政的場所。瓦當是用來遮擋屋簷下木柱的建築構件，瓦當如此巨大，可見寢殿也很宏偉。

◄ **阿房宮的地基**

秦始皇嫌先王宮廷太小，親自規劃阿房宮，上朝的前殿可以容納萬人。殿下建閣道直達終南山，用終南山的山頂表示門闕，並有複道通咸陽。建築期間驅使役徒達七十萬人，成為人民反抗秦朝的肇因之一。秦朝末年，這座未完成的宮殿被縱火，傳説燒了三個月不熄。今天的阿房宮仍有20米高的地基遺跡，可以想見當日的規模。

◀ 驪山秦始皇陵地宮意想圖

這是地下宮殿中放置秦始皇棺木靈柩的墓室部分，根據探測，面積達19200平方米，比兩個半足球場還大。據《史記》記載，墓內以水銀為江海。現代探測到地宮的水銀含量確是特高，估計《史記》描述的地宮接近真實。

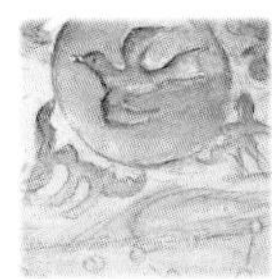

頂部的日、月及天文星象壁畫

穿金縷玉衣的秦始皇遺體

地面模仿秦朝疆域的地理形勢

水銀灌注的江河大海

以六國的奇珍異寶隨葬

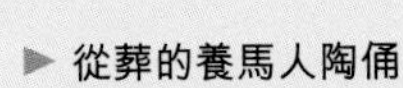

► 從葬的養馬人陶俑

驪山園陵墓有許多陪葬墓和從葬坑。這個養馬人陶俑是陪葬品之一，負責在地下世界飼養那些為秦始皇陪葬的馬。

◀ 驪山園的量器

驪山園有一套完整的管理機構，負責每天奉侍秦始皇靈魂。這是掌管陵園膳食事務的官員稱量食物用的量器。

坐西朝東的秦始皇陵

中國帝王陵墓多是坐北朝南，以示生前面南而王。但秦人從先祖到秦始皇的陵墓都是坐西朝東，連隨葬墓群和由兵馬俑組成的軍陣，也都面向東方。有人認為這是象徵秦國不斷向東遷都的建國歷程，反映秦人由西向東發展的信念；有說代表秦國橫掃東方六國，統一天下的大業；也有說這與秦人的原始信仰有關。

布衣皇帝的尊儒國策

▲ **玉俑頭**

漢朝都城長安出土的玉人頭像，是漢朝保衛皇宮的武士像。與秦始皇兵馬俑咄咄逼人的威猛氣勢相比，武士面部表情溫和而含蓄，顯示了漢朝的儒雅之風。

公元前206年，秦帝國在一片暴亂聲中迅速瓦解，漢朝的旗幟在中國的土地上飄揚起來。漢朝雖然繼承了秦始皇的江山以及他制訂的一整套中央集權制度，可是沒有秦朝那般迷信暴力和獨裁，也沒有商周以來統治者的貴族氣度，新國家呈現平民化的氣氛。

漢朝的開國皇帝劉邦出身平民，是提三尺長劍而得天下的“布衣皇帝”，他的群臣也多出身低微，所以漢初的政府代表一股平民的力量。加以劉邦目擊秦朝的興亡而深受教訓，決心撇棄暴政和極端的法制，實施以儒家學説宣揚的仁義道德為治國之道，與民休息，以民為本的國策

曲裾

► **趨於簡便的漢朝服飾**

古代的服裝能顯示一個人的身分。在戰國流行的深衣，是體現禮儀的服裝，曲裾沿身體纏繞數層，將身體全部遮掩，曲裾越多，身分越高。秦人疲於征戰、不循禮儀，並不流行深衣，但到漢初，長袍式的深衣再次佔據主流，連皇帝平時也穿深衣，但深衣始終不適合漢朝貴族講究寬鬆、享樂的生活風格，以後逐漸被舒服隨意的長衣和短衣取代了。這是漢朝貴族家中較高身分的家臣形象。家臣是講究規矩禮儀的職業，他身穿的深衣已經被改造，曲裾省減，只纏繞一周。

◄ **漢景帝陽陵的儀仗軍隊**

陽陵是漢朝第四位皇帝景帝的陵墓。景帝在位期間是漢朝國力逐步強盛的階段。這是象徵宮廷儀仗軍隊的從葬坑，隨葬陶俑和俑頭三百多個，都是軍人的形象。

深得民心。在秦朝苛法重壓下的國民，尤其是習慣散漫自在於農田耕作的農夫重獲自由。往後漢武帝還進而"罷黜百家，獨尊儒術"，將儒學先師孔子推上至高至尊的地位。並改造孔子的儒學，增加了許多先秦學説元素，將君臣從屬關係作為核心，提倡臣民要按照忠君盡責的原則行事。這種新儒學的倫理道德很快佔據了統治地位，成為上至王公貴族，下至平民百姓的道德和行為準則。

實際上，漢朝皇帝在仁義道德的溫柔面紗掩蓋下，更強化了中央集權。漢朝還提倡道家的天神崇拜，以此神化皇帝，並建立了一套國家宗教法典，制訂了從都城、陵墓到衣冠，處處表現皇權至上的各種禮儀。漢朝實行的霸道同王道並舉的國策，收效顯著，從此版圖更加擴大，國力強盛，以文明發達的強國形象屹立於世界。秦始皇帶給中國的社會巨變，到漢朝充分發揮力量。羅馬帝國、波斯的安息帝國、貴霜帝國和漢帝國都在各自擴張領土，帝國時代的聯繫更加密切。

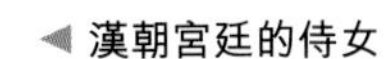

◀ **漢朝宮廷的侍女**

這是漢朝宮廷侍女的形象，穿上寬袍大袖的衣服。這種寬大衣袖是由宮廷漫延到社會的時尚服裝，體現了漢朝國泰民安的社會風貌，人們追求安逸，脱離勞作的生活。寬袍大袖與勞動者穿着的短衣長褲形成鮮明對照，以此顯示高雅身分，成為漢朝服裝的顯著特徵。

◀ **儀仗軍隊中的行走俑**

這些儀仗軍隊，原來身穿戰袍，外着鎧甲，並裝有姿勢各不相同的木質胳膊，但出土時，除陶質身體以外，其餘都已腐朽，成了裸體缺臂的模樣。這些軍士，僅高62厘米，與秦兵馬俑內按照真人塑造的士兵，高度差了一大截，而且面部表情和顏悦色，輕鬆而生動，充分體現了寬鬆而富有朝氣的社會氣氛，與秦兵馬俑威嚴硬朗的風格，形成鮮明對比。

◀ **儀仗兵器 —— 鎏金嵌琉璃鳥形鐏**

秦朝陵墓的兵器多是實用兵器，而漢朝都城和陵墓出土的，則以儀仗兵器居多，證明朝廷重視禮儀。這是都城附近出土的儀仗兵器裝飾，富麗華貴。

◀ **東漢儒學講經圖**

漢朝皇帝崇尚儒學，尤其漢武帝以後更甚。但是，漢朝的儒學已經滲入了陰陽五行以至其他先秦學説的色彩，是一種改造了的儒學，更有人認為，漢朝表面上倡導儒學，背後沿用的卻是法家的理念。

迷信色彩瀰漫的世界

漢朝皇帝注重文治教化，崇尚儒學。但是他們同秦始皇一樣，對聲稱掌握皇朝命運的陰陽五行學說情有獨鍾。由於改朝換代的政治需要，秦漢皇帝都自稱天子，提倡天神崇拜，對天神的信仰也隨而引伸為對皇帝的崇拜。漢朝的政治家改造儒學和道教，賦予了陰陽五行的色彩。還根據陰陽五行學重新建立了一套適應漢朝統治的國家宗教法典。從此披上神聖外衣的宗教，在漢朝大行其道，廣為傳播，成為鞏固國家統治的精神力量。

漢朝朝野上下都籠罩在鬼神觀念和神秘的氣氛中，怪異學說肆意橫行，滲透到社會的每個角落。以鬼神觀念觀察自然萬物，以陰陽五行處理社會事物，已經成為漢朝人特有的思維方式。

曾經受到秦始皇器重的神仙家，受了很久的冷落之後，到漢朝中期又活躍起來。

▲ **鎮邪俑**

漢朝人為了躲避災異鬼怪，臆想出許多鎮邪除妖的神人。這是一個陪葬墓中的鎮邪俑，表情猙獰，具有威懾力。

拱手的貴族

撐傘的侍從

► **陶製的載人神鳥**

山東一帶是戰國齊國舊地，也是神仙學派的發源地。他們宣揚的仙境和長生不老的仙藥，都集中在齊國蓬萊海中。為秦始皇尋找仙藥的徐福也發跡於此。這件出土於山東的漢朝貴族墓葬的隨葬品，就是齊國神仙風氣盛極的產物。這是漢朝神仙家宣揚的神鳥，可以將墓主人以及生前享受的宴樂歌舞的生活，一同載入仙境。

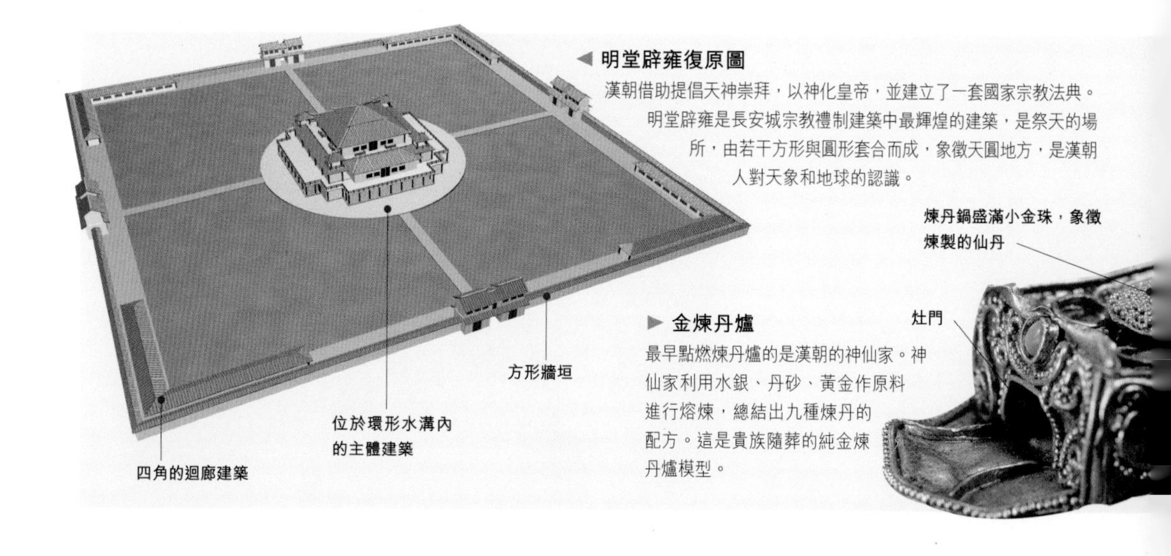

◄ **明堂辟雍復原圖**

漢朝借助提倡天神崇拜，以神化皇帝，並建立了一套國家宗教法典。明堂辟雍是長安城宗教禮制建築中最輝煌的建築，是祭天的場所，由若干方形與圓形套合而成，象徵天圓地方，是漢朝人對天象和地球的認識。

► **金煉丹爐**

最早點燃煉丹爐的是漢朝的神仙家。神仙家利用水銀、丹砂、黃金作原料進行熔煉，總結出九種煉丹的配方。這是貴族隨葬的純金煉丹爐模型。

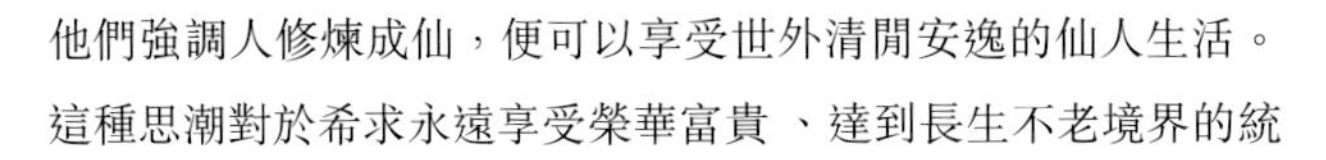

他們強調人修煉成仙，便可以享受世外清閒安逸的仙人生活。這種思潮對於希求永遠享受榮華富貴、達到長生不老境界的統治者，有極大吸引力。而神仙家又有與仙人溝通的方術，可以幫助世人到達仙境。漢武帝迷信神仙家的程度，更遠遠超過秦始皇。他在位五十年間，執着地追訪仙境和長生不老的仙藥。在他的親自倡導下，神仙家異軍突起，甚至成為社會地位顯赫、左右國家政治的重要力量。土生土長的鬼神觀念和修煉成仙的信仰，經過漢朝的宣揚，更加深入人心，影響深遠。

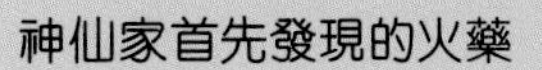

神仙家首先發現的火藥

漢朝的神仙學家熱衷於研究令人長生不老的丹藥。他們在煉丹過程中，偶然把硫黃、硝石、雄黃、含碳物等藥材混在一起加熱，意外發生爆炸，從而認識到這幾種物料的燃爆性能，並將之記錄下來。後來軍事家由此進一步研究，終於掌握了火藥的化學成分，並在公元9世紀以後發明了火藥武器。

臂上有羽翅紋

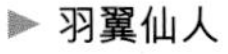

► 羽翼仙人

這是漢朝神話中宣揚的仙人形象。仙人身披羽毛，背有羽翼，兩隻大耳高高豎立過頭頂。

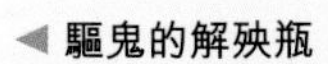

◄ 驅鬼的解殃瓶

漢朝的神仙家是喪葬儀式中的首要人物，由他們主持葬禮，進行驅鬼消災的儀式。儀式進行時，神仙家在一個陶瓶上書寫紅字咒語，放在死者身旁，為死者及其家族驅鬼降魔。這是神仙家為張氏家族驅鬼的解殃瓶。

► 錯金博山爐

這是漢朝貴族使用的薰香用具。爐體仿照蓬萊仙境製造，峰巒疊嶂，出煙孔隱蔽在山巒重疊之處，薰香時煙霧香氣飄渺於仙山之間，如臨仙境。

胡風激盪的樂舞

漢朝在布衣皇帝的倡導下，從宮廷到民間體現新時代風貌的歌舞表演，盛況空前，也是展示歐亞大陸東西文明融合的大舞台。

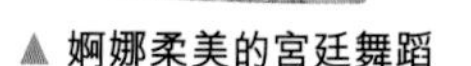

▲ **婀娜柔美的宮廷舞蹈**

漢朝宮廷舞蹈逐步平民化，自娛自樂的舞蹈很盛行。樂舞中大量吸收了楚國民風、西域雜技和幻術的風格，使舞蹈講究技藝與情感相結合，更具表演性。

戰國思想文化的解放運動，曾經帶來了民間藝術創作的高峰，各種適應新思潮的樂舞百花齊放，使宣揚周禮的宮廷禮樂失去了輝煌。而缺少浪漫情調的秦朝，一度極大約束藝術創作的活力。到漢朝實施寬鬆國策以後，上至帝王，下至百姓，創作激情得以釋放和發揮。尤其從布衣皇帝劉邦開始，不少帝王能歌善舞，還親自演奏和賦詩作曲。漢武帝更大力倡導宮廷樂府，採集全國各地的民間精華，使表演藝術有飛躍發展。

北方雄壯的胡樂首先給漢人新鮮感。隨着絲綢之路貫通，西域胡風盛行起來，來源於中亞地區的歌舞、雜技、魔術融入了中國本土的表演中，統稱為百戲。這種融匯了中西的藝術，有更加活躍的生命力，不僅深受平民的喜愛，也邁進皇宮的大雅之堂。宮廷的各種朝會慶典，以至民間的節日慶典，都常常有百戲表演助

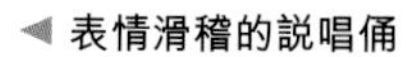

◄ **表情滑稽的説唱俑**

漢朝民間流行一種逗笑的説唱表演，配合擊鼓演唱，語言和動作滑稽而誇張，形式與現代滑稽戲或相聲相似。表演者稱“俳優”，身分低於歌舞樂伎。表演場地也不講究，常在貴族莊園的門口就地表演。這個説唱俑塑造了俳優處於説唱重要情節而作出的滑稽表情和動作。

► **貴族的管弦樂隊**

秦朝以前的王室貴族，按禮制聽雅樂，樂器以編鐘和編磬為主，稱為“金石之樂”，旋律緩慢。漢武帝為了反映強盛而富有朝氣的國家形象，要求樂府採集民間流行的俗樂，包括民歌、民謠和舞蹈，經過樂師的再創作，增加管弦、吹奏和敲擊樂器，使曲調更加委婉動聽，氣勢更加雄壯。宮廷舉行宴會、典禮、征戰出行、天子朝見等莊嚴場面經常演奏新樂。這是貴族的私人樂隊的形象，是典型的小型管弦樂隊。

◄ **融匯樂舞和雜技的演出場面**

漢朝雜技在原來單純顯示驚險奇特的技巧以外，增加節奏感和優美感的舞蹈動作，並用音樂和舞蹈陪襯，更加添了藝術氣氛。這是民間雜技表演的場面，由伴奏樂隊和雜技表演者組成，拱手站在兩旁的是觀眾。

吹笙樂手　彈瑟樂手　擊鼓樂手

伴舞少女　指揮者　擊磬樂手

三人表演“柔術”

興。演出規模盛大，數百人乃至數千人同台演出，載歌載舞，氣氛熱烈，場面壯觀。漢武帝在皇家園林上林苑舉辦百戲集演，周圍300里內的百姓都趕赴觀看，一時萬人空巷，成為當時京城的一大盛事。在皇帝愛好之下，經過宮廷加工的民間樂舞，變得更加高雅精煉，在全國廣泛傳播開來。

◄ **鈴舞銅釦飾**

鈴舞是西南滇族的舞蹈。舞者戴高頂尖帽，左手搖鈴，翩翩起舞。鈴聲伴隨舞蹈發出有節奏的樂聲。漢朝宮廷俗樂中有“鐸舞”，舞者手執大鈴起舞，與這種鈴舞極相似。

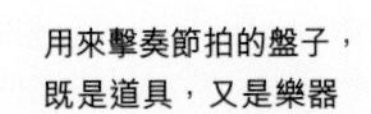

用來擊奏節拍的盤子，既是道具，又是樂器

► **雙人盤舞銅釦飾**

這是滇人貴族服裝的釦飾，表現了具有滇族獨特風格的舞蹈。兩男舞者邊歌邊舞，動作誇張，充滿熱烈奔放的節奏感，與中原折腰舞和雜技托盤的動作相似。舞者高鼻深目，應是西域人。漢朝因西域胡樂、胡舞的大量流入，在全國刮起“胡風”，不僅對宮廷樂舞產生巨大影響，還滲透到西南邊郡的滇族之中。

領先世界的農耕技術與農具

漢朝自長城以北直至嶺南的廣大地區都是農業區，全國耕地面積達82700平方公里，人口約六千萬，比當時羅馬帝國還多，平均每戶五口之家有耕地約7000平方米。漢朝皇帝深刻認識到，農民是納稅人，農業是支撐國家經濟的基礎，實施“以農為本”的國策，才能國富民強。因此政府很重視向全國的農民推廣先進的農業耕作技術和農具，推廣農田精耕細作和整體化管理方式。高度發展的農業，使漢朝位居與羅馬帝國齊名的世界大國地位。

▲ 持鋤陶俑殘片

在適宜種植水稻的長江流域，鋤頭是重要的耕作工具。

秦朝在黃河和長江流域推廣先進的鐵農具，成果豐盛。漢朝政府進一步把鐵農具推廣到南方的廣東、廣西和北方的長城沿線。從平整土地、播種、中耕、除草、灌溉、收穫、脫粒，到農產品加工等，各類專用鐵農具達三十多種。其中鐵犁鏵經過重大改革，成為領先於世界的新農具，歐洲的農民要在一千年以後才使用這種農具。

牛耕技術是比人力耕作效率提高十倍的新技術，在漢朝以前已經發明，但未得到全面推廣，人力耕作始終佔主導地位。漢朝初年，政府大力推廣牛耕，將其視為“耕農之本”、置於“國家之

▲ 二牛一人農耕圖

漢朝中期的黃河和長江流域農業發達地區，牛耕技術改革，出現二牛一人組合，比以往一人牽牛，一人操縱犁轅，一人執犁鏵的二牛三人式組合，更易操作。這是漢朝壁畫上二牛一人的耕田場面。

▼ 二牛一人式耕作法使用的長轅犁

鐵犁鏵在春秋戰國發明後，漢朝人改良了犁鏵的結構，加上犁箭，還在鏵的上部增加鐴土裝置，耕地時起到翻土、碎土和平整耕地的作用，是犁耕技術的大躍進。此外，漢朝的犁鏵有大、中、小三種型號，輕巧靈便的小型犁鏵，適用於精耕細作的農田；銳利的中型犁鏵用於墾荒；特大厚重的犁鏵用於開闢溝渠。

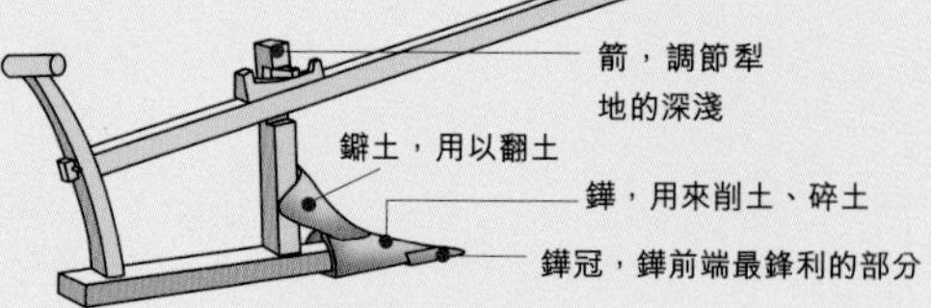

為強弱”的高度。到漢朝末年，牛耕已經普及全國。

漢朝黃河北部的農民創造了一套旱地農田防旱、保墒的耕作技術，從土壤質素、施肥方法、選種標準和田間管理，都實施精耕細作，形成農田管理整體化的觀念。漢武帝時期主管農業的官員，還在此基礎上創造了科學耕作的“代田法”，在北方大力推廣，存糧食的產量大為提高，關中地區小麥的畝產量比戰國提高數倍。漢朝的農田技術和產量已達到頗高水準，今天一些現代科技無法達到的邊遠農村，仍然沒有超越漢朝的耕作水平。

▲ **除草播種圖**

漢朝農民認識到從播種、施肥、灌溉、除草到收穫，各個環節相互關聯，這是漢朝的畫像石，描繪四川地區的農民在春季耕種水稻的場面，六位農夫正在耕作，有的除草，有的播種。這種耕作方法適用於一年一熟的稻田。

◄ **踏碓舂米圖**

耕作技術進步以後，隨之而來的是糧食加工技術的提升。先秦時期，糧食加工大多使用人力杵臼舂米脱粒。漢朝發明了腳踏碓，提高工效十倍。這是一個糧食加工的場面，四人互相配合舂米，動作十分協調。

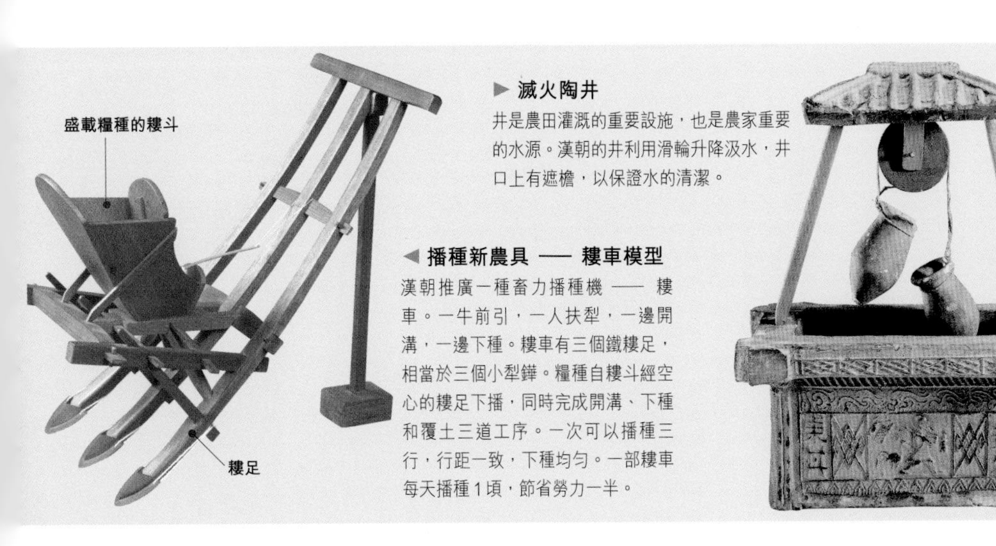

► **滅火陶井**

井是農田灌溉的重要設施，也是農家重要的水源。漢朝的井利用滑輪升降汲水，井口上有遮檐，以保證水的清潔。

◄ **播種新農具 —— 耬車模型**

漢朝推廣一種畜力播種機 —— 耬車。一牛前引，一人扶犁，一邊開溝，一邊下種。耬車有三個鐵耬足，相當於三個小犁鏵。糧種自耬斗經空心的耬足下播，同時完成開溝、下種和覆土三道工序。一次可以播種三行，行距一致，下種均勻。一部耬車每天播種1頃，節省勞力一半。

致富之路

秦始皇開闢的全國陸路和水路交通網，被漢朝政府充分利用，將昔日的軍事道路轉變為商人的致富之路。在交通沿線上，出現了許多以政治、經濟為中心、規模不等的城市。漢朝後期屬於郡級治所的城市有五百個、縣級城市達到一千八百個。城市人口也急劇增加，在長安茂陵縣就有居民近二十八萬。富冠海內的商業大都會，主要集中在黃河和長江流域的十大經濟區。漢朝的城市網絡形成後，直至清朝仍沒有大的變化。

秦朝推行"重農抑商"政策，商人的社會地位很低。漢朝則採取讓商業放任發展的政策，城市出現了"用貧求富，農不如工，工不如商"的風氣。爭相經商之下，產生了一批富甲天下的商人，甚至還出現了專門從事國際貿易的商人。另外，秦朝以軍功封爵者為上的等級制度瓦解了，漢朝出現了劃分等級的新觀念，政治身分已

▲ **搖錢樹**

漢朝後期的西南地區流行一種葬俗，在人死後隨葬一株搖錢樹。樹上掛滿銅錢，把漢朝人的商品意識和祈求發財的願望，表現得淋漓盡致。

► **貼金銀漆奩**

這個漆奩以鑲嵌金銀的動物圖案作裝飾。這種貼金工藝是漢朝新創，唐朝沿襲。方法是先將金銀飾片黏在木貼上，在空白處塗漆，然後細磨至金銀飾片露出漆面，需要極高的技術。

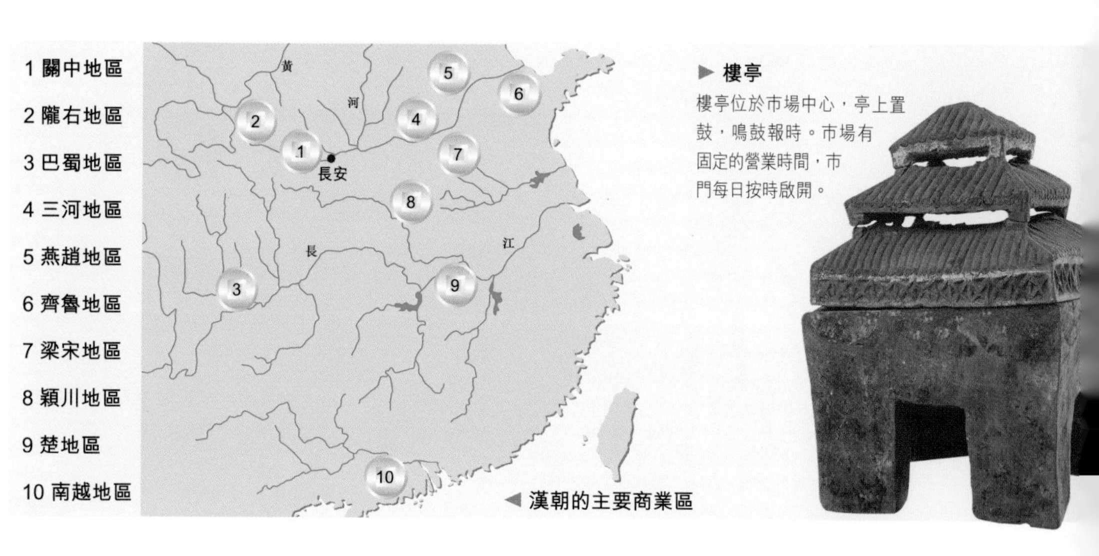

◄ **漢朝的主要商業區**

► **樓亭**

樓亭位於市場中心，亭上置鼓，鳴鼓報時。市場有固定的營業時間，市門每日按時啟開。

經微不足道，家產的多少才是社會等級的標尺。長期被賤視的商人，居然憑財富改變命運，成為不可忽視的社會勢力。

全國完善的交通網，令各城市的商貿一片繁榮。每個城市均設市場，對商品的需求越來越大，使手工業發展突飛猛進。手工業的生產主要分官營、私營和家庭三種形式，並出現了適應商品市場需求的大規模經營性生產。最大的礦業工場僱用達十萬人。漢朝的手工業分工細密，趨向專業，產品豐富，工藝精湛，成就超越前朝。至於對國計民生有重大影響的冶鐵業和鹽業，則由國家壟斷專營，是規模最大的支柱產業。

► **彩繪雲紋漆鈁**

漢朝漆器普及，是市場上的熱銷商品之一。這是官營漆器工場的製品。

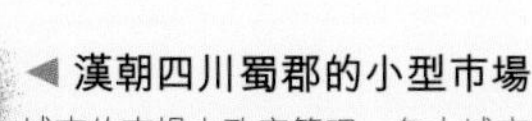

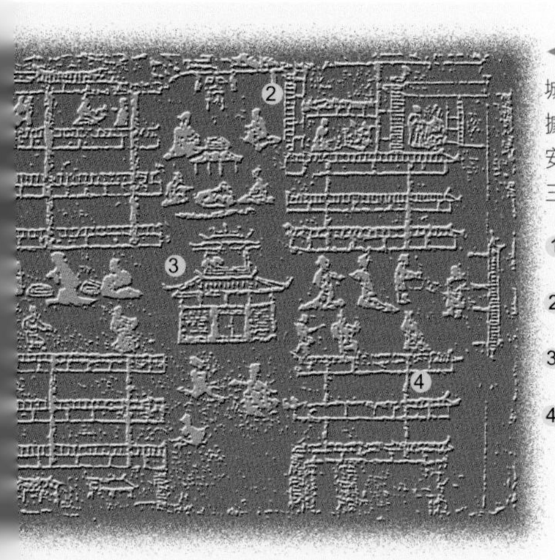

◄ **漢朝四川蜀郡的小型市場**

城市的市場由政府管理，各大城市根據商業規模設置若干市場，最大的長安有九個市場，一般中型城市有兩至三個市場，小型城市設一個市場。

1 **商人居住的房屋**

2 **市門**

3 **樓亭**

4 **長廊式的商肆鋪面，商品按種類集中排列，井然有序**

▲ **皇室貴族的黃金儲備**

黃金是漢朝市場流通的貨幣之一。朝廷或富商進行大宗商品貿易，多使用黃金。漢朝前期，與一枚五銖錢同等重量的黃金比價是 1：10000 錢。在漢朝，黃金是衡量財富的標準，皇室與貴族都儲備黃金。這件純金製造的權重 9000 克 ，並非實用的度量衡器具，而是用作儲備的黃金。

位居世界前沿的科學技術

▲ **司馬遷的預言 ——"五星出東方利中國"**

司馬遷的《史記．天官書》是記錄漢朝研究天文成就的著作。書中記錄了五大行星運行與地球氣候的關係。其中"五星分天之中，積於東方，中國利"，這一預言影響廣泛，成為當時漢朝百姓企盼豐年的吉語。1994年新疆尼雅出土了一件彩錦護膊，上面有"五星出東方利中國"的字樣，也就是司馬遷記載的預言。這塊錦紋飾具有西域風格，又有漢人流行的吉語，應該是內地專為尼雅一帶製造的絲織品。

漢朝的皇帝對科學技術的革新和發明很重視，尤其是對實用性科學，更是大力支持，還設立專門機構和官員，向全國推廣。大一統國家的繁榮強盛，也使政府具備了支持科學研究的經濟實力，天文、曆法、造紙術、司南、地震儀等科學發明與改進，都是政府重點發展的項目。在這種有利條件下，漢朝取得一系列驚人的科學成就，處於世界科學研究領域的前沿。造紙術和司南的發明，均列入中國古代四大發明，也是中國對於世界文明的貢獻。

天文學也位居世界前列。漢朝設立觀測天象的國家天文台，配備最先進的觀測儀器，掌握了星體、日月

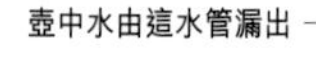

◄ **漢朝的計時器 —— 銅漏壺**

銅漏壺中盛滿水，放入一支標誌刻度的木質浮箭。浮箭從蓋中的方孔伸出。隨着壺內的水由水管滴出，浮箭便會下沉，於是根據浮箭刻度的位置，計算時間。這件銅漏壺是在內蒙古地區出土的邊防軍用品，反映了邊防軍需緊守嚴格的時間觀念。

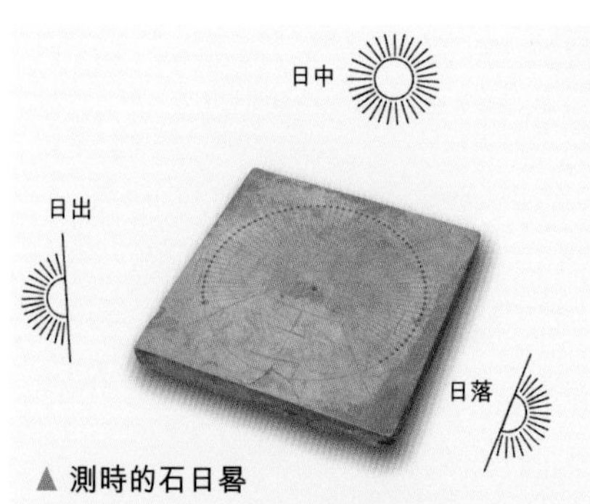

▲ **測時的石日晷**

與測定時間的青銅漏壺配合使用的校準器。在正中圓孔插一根垂直於日晷平面的柱形表，隨着太陽的升落，表影在刻度間移動。在日出、日中、日落三點各立桿作標誌，可測定不同季節晝夜的長度。以此檢測漏壺的準確性。

► **指示方向的工具 —— 司南**

司南利用天然磁石的指極性，指示方向，開始了長達一千年的"司南階段"。漢朝以南方為尊，指示方向的工具一律以南方為標準，稱為"指南"或"司南"。到北宋利用人工磁石製造指南，又進入了"指南針階段"，13世紀指南針傳入歐亞各國，在航海時代大顯身手。

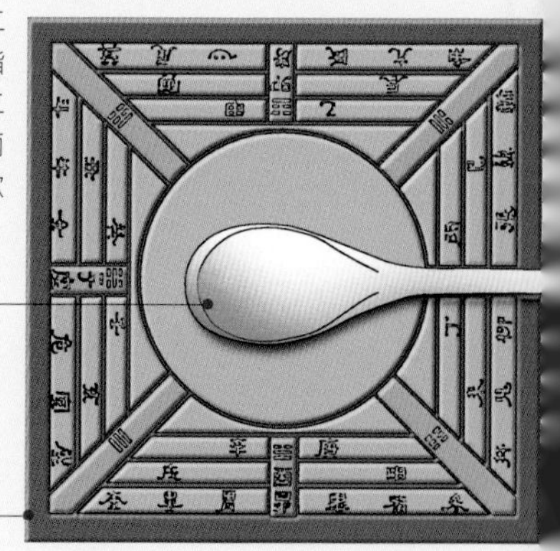

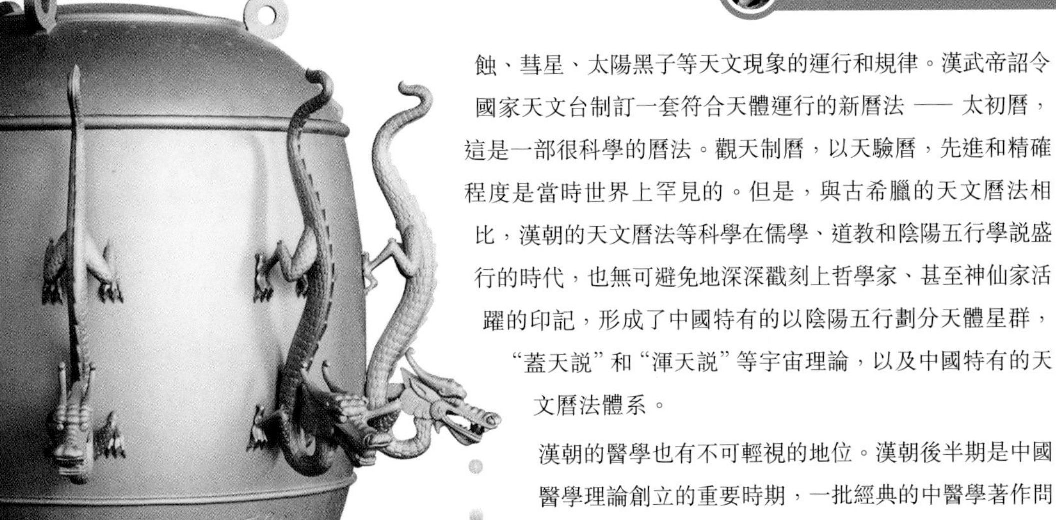

蝕、彗星、太陽黑子等天文現象的運行和規律。漢武帝詔令國家天文台制訂一套符合天體運行的新曆法 —— 太初曆，這是一部很科學的曆法。觀天制曆，以天驗曆，先進和精確程度是當時世界上罕見的。但是，與古希臘的天文曆法相比，漢朝的天文曆法等科學在儒學、道教和陰陽五行學説盛行的時代，也無可避免地深深戳刻上哲學家、甚至神仙家活躍的印記，形成了中國特有的以陰陽五行劃分天體星群，"蓋天説"和"渾天説"等宇宙理論，以及中國特有的天文曆法體系。

漢朝的醫學也有不可輕視的地位。漢朝後半期是中國醫學理論創立的重要時期，一批經典的中醫學著作問世，其中《傷寒雜病論》至今仍是中醫診斷的準繩。至於以精於針灸和外科手術著名、被譽為"外科鼻祖"的華陀，他發明的麻醉藥，用於為病人作全身麻醉做剖腹手術，效果更令人驚嘆。

▲ 探測地震的地動儀

中國是頗多地震發生的國家，在漢朝的四百年間共發生強烈地震二十八次。漢朝視地震為"異邪"。公元132年，主持國家天文台的張衡，發明了世界上第一台探測地震的儀器——地動儀，各龍口啣珠，當探測到某一方位有地震，珠便掉進該方位的蟾蜍口中。地動儀放在都城洛陽的國家天文台內。公元138年，地動儀準確測報出甘肅一帶發生的六級以上的地震，當時洛陽的居民並沒有感到震動。

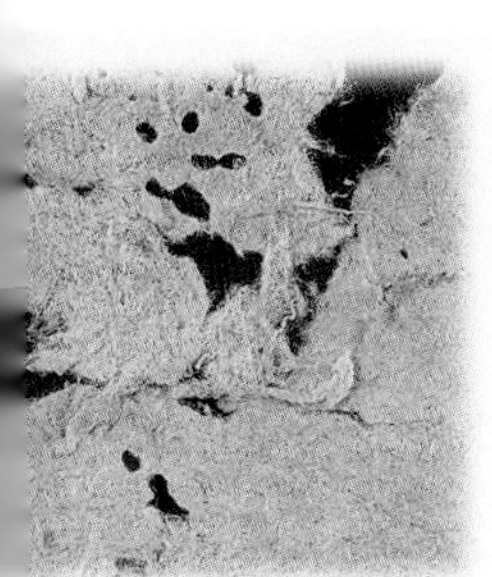

◀ 漢朝麻紙

漢朝中期，一種以絲、棉絮和植物纖維混合製造的紙在民間問世。漢朝後期，宦官蔡倫改進了造紙原料和工藝流程，製造出質素上好的紙。皇帝詔令在全國推廣造紙技術，這種紙被稱為"蔡侯紙"。

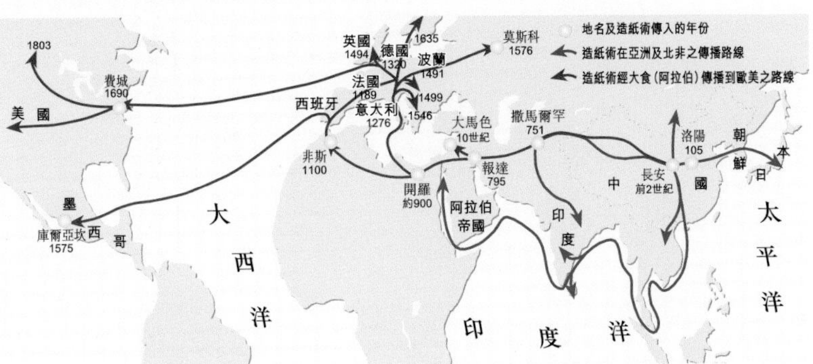

► 中國造紙術外傳路線

農業帝國與草原帝國首次角力

公元 3 至6世紀，歐亞大陸的農耕帝國遭受遊牧民族大侵襲，中國的漢朝 、南北朝苦於匈奴 、鮮卑等民族的入侵，羅馬帝國亦遭受日耳曼等蠻族的入侵。這次農耕帝國與遊牧民族的戰爭，最早的戰火爆發在公元前 2 世紀的中國。

中國由夏朝直至戰國，千百年來，戰爭都主要爆發在黃河和長江流域的農業區，敵對雙方也都是農業群體。而秦漢時蒙古草原的強大遊牧民族匈奴，發展成為佔據長城以北廣大地區的草原帝國。他們不斷向中原發動大規模的騎兵閃電式攻擊，攻勢之強猛，使農耕民族無力還擊，構成對統一大帝國的最大威脅。

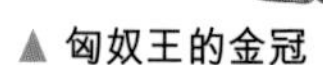

▲ 匈奴王的金冠

匈奴實行軍政合一的體制，整個民族就是一支組織嚴密的軍隊。"單于"是匈奴最高的軍事統帥，下設左、右賢王。單于本部與左、右賢王部構成了匈奴的主力集團。他們既是部族首領，又是軍隊將領。王位實行世襲制。這應是匈奴王的金冠。

秦始皇曾發十萬大軍征伐匈奴，又建築萬里長城抵禦騎兵的入侵。但是秦朝強大卻短促，沒有重擊匈奴。而漢朝的境內經過長時間相對穩定的發展，北方邊境安全成為僅有的威脅，漢朝於是將抗擊匈奴放在國防戰略的中心位置。從此，漢帝

► 匈奴金鹿形怪獸

匈奴喜歡用黃金作裝飾，圖案以草原常見的動物為主題，表現濃郁的遊牧民族風格。這是以鹿為原形的怪獸。

► 青銅扁壺

壺的背面扁平，肩部有四個用來穿繩的鈕，便於攜帶，是匈奴人的飲水和飲酒器具，適合遊牧民族逐水草而居的需要。

◄ 公元前 1 世紀匈奴帝國的勢力

秦漢之際，匈奴兼併周邊民族，形成東自遼河，西越蔥嶺，北達貝加爾湖，南抵長城的強大草原帝國。

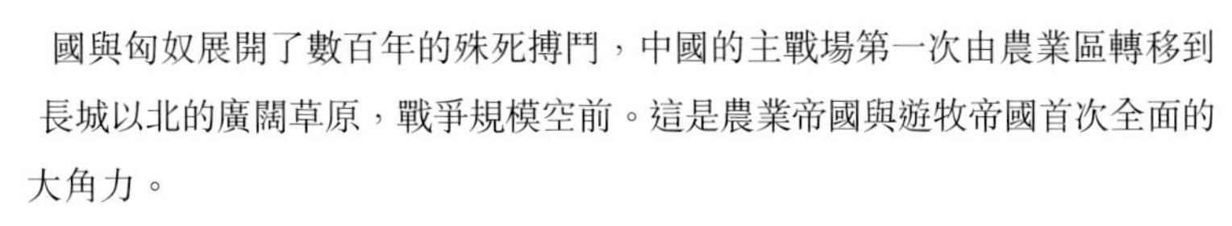

國與匈奴展開了數百年的殊死搏鬥，中國的主戰場第一次由農業區轉移到長城以北的廣闊草原，戰爭規模空前。這是農業帝國與遊牧帝國首次全面的大角力。

匈奴具備了軍政合一、組織嚴密的優勢，人人都是騎馬善戰的勇士，總計有騎兵三十萬。這種軍事體制使匈奴隨時可以舉國出戰。漢武帝亦動員龐大的人力物力，多次發動抗擊匈奴的戰爭。在征戰與和親的交替作用下，匈奴終於解體，大部分歸入漢朝，成為中國多民族的一員，另一部分逃亡，輾轉到達歐洲 。此後二百年間北方邊境恢復了寧靜。

◄ **漢朝指揮軍官**

這是漢朝初年出征作戰軍隊的指揮官的形象。

▼ **單于和親瓦當**

漢匈戰爭使匈奴損失慘重。其中呼韓邪單于一部投降漢朝，南徙長城一帶，要求與漢朝和親。公元前33年，漢朝皇帝把王昭君嫁給他，漢朝改年號“竟寧”，取其邊境安寧的意思。這件瓦當是呼韓邪單于在塞內居住的館驛的建築構件，刻有“單于和親”四字，反映昭君出塞和親確是當時的一件盛事。

► **馬踏匈奴石雕**

這是領軍出征攻打匈奴的著名將軍霍去病墓前的石雕，是漢武帝為表彰他的戰功而建立的紀念碑。

騎兵時代的來臨

漢軍最主要的進攻目標，是來自北方由騎兵組成的匈奴軍隊。匈奴熟悉草原地形，騎兵戰術靈活多變，快速機動。更重要的是，匈奴強調以突襲方式主動進攻，勝利時連續突擊，務求全殲；戰敗時迅速撤退，決不戀戰。這種高度的機動性和爆發力，使習慣在中原作戰的漢朝軍隊防不勝防，這也是歐亞大陸所有農業國家都深切感受的危機。

▲ **石雕騎兵**

這是漢朝騎兵的形象。他們多在西北方寒冷地區征戰，需要飲酒禦寒，因此備有飲酒器具。

漢匈戰爭爆發，為了適應對北方匈奴作戰，漢朝的軍隊職能、兵種構成、作戰方式等，都發生重大的變革，由秦朝車兵和騎兵並重的軍團轉為以騎兵為主力的軍團，騎兵時代正式來臨了。

為了對付匈奴，漢朝的第二任皇帝開始建立騎兵部隊。漢武帝時期的騎兵已經成為軍隊的主力。漢匈戰爭規模逐步升級，小型戰役出動騎兵數萬，大型戰役出動騎兵數十萬，軍團化的騎兵戰爭已是大勢所趨。

漢武帝信任的衛青和霍去病是傑出將領，他們創立了騎兵軍團戰術，完全突破了先秦兵法中適應農耕民族作戰的模式，以快速和衝擊力強的特點，為漢軍的戰術開創了新天地。漢匈戰爭主要在荒原大漠和高山地帶進行，先秦兵書把這些地形稱為騎兵的“死亡地帶”，在這裡難辨方

► **執盾的步兵**

這是漢朝初年的步兵形象。當時的士兵都是從全國徵用的，二十至六十歲的男子都要服役，為期兩年。但到了公元前 2 世紀的漢武帝時期，由於漢匈戰爭激烈，徵兵制無法應付需要，於是改行募兵制，漢武帝對應募者給予豐厚的賞賜。在賞金的刺激下，募兵比徵召得來的士兵更具戰鬥力。

◄ **漢軍中的夷兵**

漢朝招募少數民族入伍，稱為“夷兵”。他們主要來自北方、西域各國以及南方的百越和西南夷。夷兵多在邊境駐防，戰鬥力強於漢人。這是青銅鑄造的夷兵形象，在新疆伊犁地區出土，這一帶在漢朝屬於西域都護府管轄。這個夷兵巨目高鼻，形象驃悍勇猛，裝束與漢族軍人有很大分別。

向，糧草供應困難，應該遠遠避開。但衛青、霍去病則以熟悉地形的邊民作嚮導，又有漢武帝提供的充足軍備，使數十萬騎兵遠征7000多里 、跨越沙漠作戰的夢想成為事實。漢軍騎兵直逼匈奴腹地，殲滅匈奴主力，取得前所未有的戰績，這是前人絕對無法想像的。

◀ **漢武帝的西極馬**

漢朝把的飼養和繁殖戰馬列入國防戰略，稱為"馬政"。漢武帝更是對珍貴馬種着迷，張騫出使烏孫，得到品種優良的伊犁馬，獻給漢武帝。漢武帝極為讚賞，賜名"西極馬"。這件在漢武帝的陵墓出土的鎏金馬，就屬於伊犁馬種，是漢武帝專有的良種馬形象。

▲ **腳踏飛燕的天馬**

漢武帝命令李廣利率軍在四年內兩次遠征大宛（今天的烏茲別克），奪取有"天馬"之稱的汗血馬。李廣利率領六萬騎兵，以十萬頭牛、三千匹馬、上萬匹駱駝、驢、騾運送物資，加上舉國招募的後續部隊，終於攻入大宛，以巨大的代價得到汗血馬數十匹。這件青銅奔馬，表現出馬行疾速，超越飛鳥的一瞬間，再現了漢武帝不惜代價追尋的天馬形象。

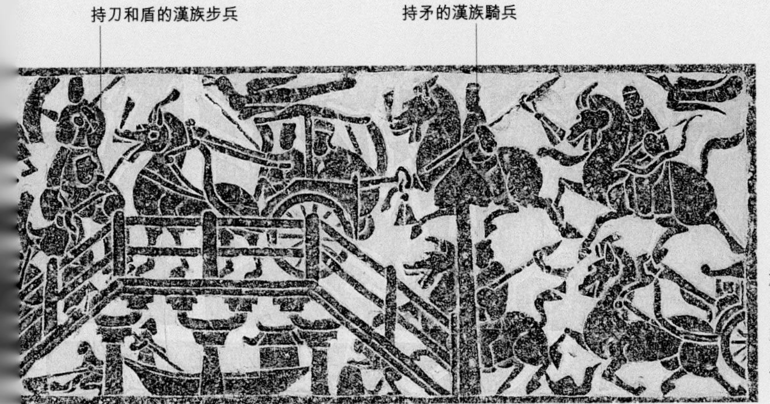

◀ **胡漢交戰畫像石**

漢朝的墓室牆壁不少刻了大量的圖畫，通常以當時生活或重大事件為主要題材。漢朝對匈奴長期征戰，因此"胡漢交戰"就成為畫像題材之一。畫中的漢朝官兵與胡兵格殺，雙方短兵相接，戰鬥激烈。

銅牆鐵壁的長城防禦體系

從根本上說，漢朝雖然傾盡國力擊敗匈奴，但無法長期支撐在沙漠的遠征。長城處於農業區與遊牧區的分界處，有經濟隔離帶的作用，是農耕民族對付遊牧民族進攻而採取的防禦措施。漢武帝以秦始皇修築的長城為基礎，繼續完善他的偉大工程。在抗擊匈奴的戰爭中，取得一片土地，就修築一段長城。還增設了邊城、障塞和烽火台等設施，形成漢帝國北部的堅固防線。進可作為前進基地，守可作為防禦前沿，能有效阻遏快速機動的匈奴騎兵。長城沿線還加強邊防前沿的訊息傳遞，建立起密集的驛站，使邊境與內地的訊息傳遞更加高速而緊密，這對以突襲、奔襲為主要戰術的騎兵時代，尤為重要。

▲ **張掖都尉棨信**

這個用紅色繒帛製成的幡信（即旗幟），上有供懸掛用的綴繫，正面用墨書篆文寫上"張掖都尉棨信"，是漢朝駐守在長城邊城的高級官員專用的旗幟。

供士兵居住的房屋

為確保邊疆安寧，漢朝由內地遷徙一百二十萬移民到長城沿線和西北邊塞安家落戶，他們把中原的農業生產技術和生活方式帶到邊塞。移民全部實行軍事化管理和教化，居則為民，戰則為兵，以適應戰事。漢朝在邊疆有駐軍約六十萬，軍需主要依靠內地供給，負擔沉重。漢武帝命令邊防軍投入農業生產，以紓緩後勤供應的壓力，稱為"屯田運動"。移民和屯田這兩項國防戰略，既保障了邊境安寧，又促進了西北的經濟開發。

◀ **敦煌烽火台遺址**

這個漢朝的烽火台，雖然已有兩千年歷史，但台階、屋門框，以至木樑架，仍然完整。烽火台是長城防禦體系的重要部分，是用於傳送戰情的警報設施。一般選擇在長城沿線視野寬闊的山巔或草原高地上興建，有的更直接建在長城上。烽火台之間相隔 3～5 公里，以能相互望見為準，依次傳遞警報。

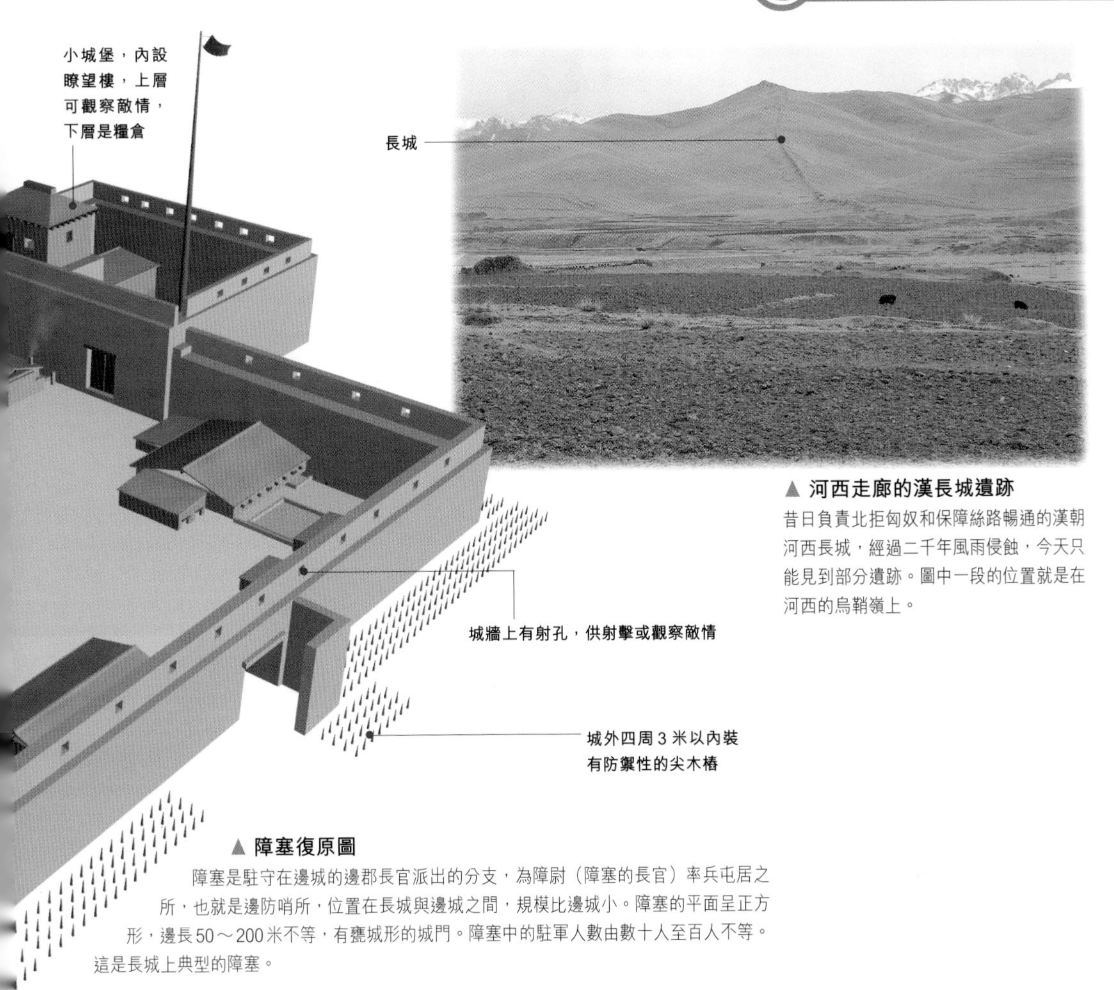
小城堡，內設
瞭望樓，上層
可觀察敵情，
下層是糧倉
長城
城牆上有射孔，供射擊或觀察敵情
城外四周 3 米以內裝
有防禦性的尖木樁

▲ **河西走廊的漢長城遺跡**

昔日負責北拒匈奴和保障絲路暢通的漢朝河西長城，經過二千年風雨侵蝕，今天只能見到部分遺跡。圖中一段的位置就是在河西的烏鞘嶺上。

▲ **障塞復原圖**

障塞是駐守在邊城的邊郡長官派出的分支，為障尉（障塞的長官）率兵屯居之所，也就是邊防哨所，位置在長城與邊城之間，規模比邊城小。障塞的平面呈正方形，邊長50～200米不等，有甕城形的城門。障塞中的駐軍人數由數十人至百人不等。這是長城上典型的障塞。

► **敦煌效谷懸泉置**

懸泉置是河西走廊的重要驛站。漢朝邊境每50～80公里設一個驛站，主要作為軍事服務的中轉站。

◄ **敦煌大方盤城**

漢朝的邊防線相當長，糧草供應主要依靠內地轉運，途中消耗巨大，所以漢武帝便下令邊防軍從事農業生產，幫補糧餉。這是漢朝軍隊屯田的糧庫所在地。

▲ **萬石倉印**

漢朝士兵每人按月獲配糧食25.5千克，食鹽0.6千克。糧食由後勤官員發給軍廚定量做飯。糧食進倉和出倉，都要有嚴密的手續，並加蓋官印。這個軍隊管理糧倉的官印，在內蒙古出土。

疆域擴張中的對抗與包容

▲ 三人一牛銅釦飾

這是三名滇人武士在出征作戰時俘獲一頭牛，凱旋而歸的場面。牛是滇人民族精神的象徵，在他們的藝術品中經常有牛的形象出現。

漢匈之戰使漢朝的北方疆域大大擴張，多民族的大帝國又增加了許多新成員。但是，漢朝要實現真正的民族大融合，不僅依靠激烈的對抗和征戰，由秦始皇所創立的全國一體化的國策，經過漢朝數百年的繼續推行和改造，已經大見成效。共同的經濟、文化和文字、思想理念、社會準則等，發揮了無可估量的作用。

漢朝在邊疆地區，每征服一地，就建立管理機構，任命當地的民族首領擔任行政長官，並封侯賞賜。政府大力推廣先進的牛耕和精耕細作技術，又有中原移民屯田墾荒，大大提高了落後地區的經濟，南方沿海甚至飛躍成為商業貿易最發達的地區。

周邊各民族大多沒有文字，不利於表達本民族的文化和觀念。而普及到全國的漢字，將儒學為基礎的正統文化和思想觀念，以無形的巨大力量灌輸到各個民族，使他們在潛移默化中接受了大帝國的觀念。許多邊境民族的統治者和精英才俊都努力學習漢字，接受儒學。同時漢朝也積極吸納和包容來自四面八方的文化和思潮，更加鞏固了多民族、多元化的統一國家。

▲ 滇族男奴隸主

當時，羅馬與漢朝同樣面臨多民族融合的難題，羅馬帝國雖然推行官方的拉丁文，但這種拼音文字缺乏象形文字脱離語言的優勢，所以維繫國家統一的效果就不及推行象形文字的中國。

戰國時期的主體民族華夏族，此時成分更加壯大和複雜。隨着漢朝威名遠揚，“華夏族”之名被“漢族”取代了，延續至今。

◀ 南匈奴王的官印

漢朝晚期，匈奴分裂為南北兩部。南匈奴對漢稱臣，遷居到今內蒙古一帶，協助漢朝戍邊，逐步轉為定居的農業生活，漢朝每年向他們供應大量錢財物資。這方由漢朝賜給南匈奴王溫禺鞮的官印，刻有“漢匈奴栗借溫禺鞮”字樣，可以證明兩者的關係。

“栗借”是南匈奴的貴族姓氏

► 雲紋玉獸角形杯

漢朝在南方開通了連繫中國與西方貿易的海路，口岸設在地處海灣天然良港的番禺，這處是南越國的首府，即今日的廣州。這裡最先成為南方的經濟中心。王室貴族流行的犀角、象牙、珍珠和香料等高級舶來品，都是經海路由番禺進入中國的。這件青玉酒杯，是南越國王的酒器，造型和裝飾都極罕見，應是產於中亞地區由海運進入南越國的舶來品。

上至頸部、下至膝部的鎧甲，比
中原士兵的鎧甲防護更周全
人頭

▲ **銅釦飾上的武士凱旋場面**

滇族有征戰的天性，但只掠奪周邊的弱小民族，與中央的關係比較親和。這是滇貴族衣服的釦飾，雕塑滇族武士出征後勝利歸來的場面。兩名武士帶着俘獲的戰利品，包括一頭牛、兩頭羊和一名被繩索縛起的背負孩子的婦女。走在前面的武士，手中還提着有髮辮的人頭。由此證明，滇人保持着原始的野蠻和掠奪性。

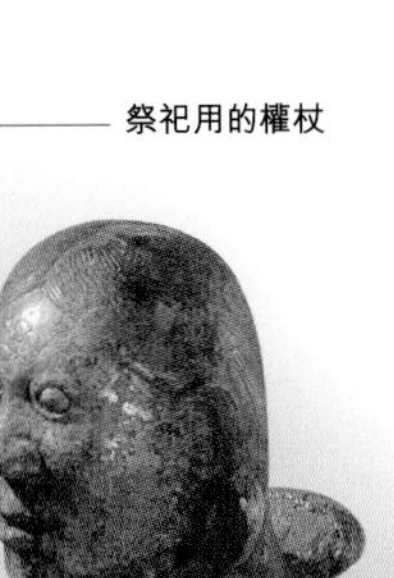
祭祀用的權杖

◀ **滇族女奴隸主**

漢武帝時期，西南的滇族地區正式納入漢朝版圖，成為多民族統一國家的成員。滇族本身有一套嚴密的社會等級制度，滇王是部落聯盟最高統治者，旗下部落由奴隸主統領。他們藉着佔領土地，俘虜奴隸，搶掠牲畜來擴張財富和勢力。滇族還保留原始社會重視母權的傳統，青銅器上的女奴隸主形象通常高大突出，佔據重要位置。

▼ **南越國王的絲縷玉衣**

漢朝初年，一位姓趙的秦軍將領在嶺南一帶建立南越國，版圖包括百越大部分地區，公開與漢朝抗衡。後來，漢軍討平南越，在當地設郡治理。這是第二任南越王的葬服，長 1.73 米，用紅色絲線將二千多片玉片編綴而成。漢朝禮制規定，玉衣是皇帝、諸侯王和皇室宗親的專用葬服，按尊卑分為金縷、銀縷、銅縷三個等級。目前全國共發現四十多件玉衣，絲縷玉衣只有一件。

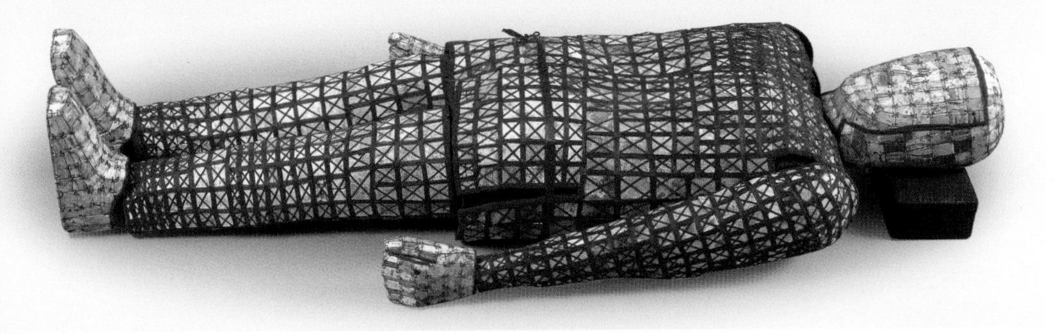

使節開拓的絲綢之路

▲ **掛毯上的西域人面紋**

這件漢朝的毛織品是一塊掛毯的局部，在新疆出土。這個人面形象巨目高鼻，具備西域人的輪廓。在紅地上由彩色的緯線顯出人面的形象，以彩色暈染雙目和鼻翼，使人物更生動，更富立體感，這種西方的凸凹畫法，是西方文明東漸的明證。

漢朝和羅馬這兩個強國，雖然並存在歐亞大陸兩端一段時間，但互相認識不深，直到漢朝為了對抗匈奴，派使節去到中亞，接觸遙遠的另一方再不是夢想。

在漢朝的西北沙漠綠洲和山谷盆地中分佈有三十六國，統稱“西域”。早在商周時期，戰車和冶鐵技術就是由這裡傳入中原的。匈奴未被打敗前，由蒙古草原向西域侵擾，逐漸成為這裡的霸主，各國每年要向匈奴進貢。漢武帝為了尋找共討匈奴的同盟軍，兩次派使節張騫出使西域，歷時十幾年，開啟了漢朝與西域各國的外交之門。漢武帝擊退匈奴後，設置地方官府，冊封西域各國的國王，頒給他們官印，又調派軍隊在這裡屯田，保障了西域的安定，也保衛了中原通往中亞道路的暢通。

張騫出使不僅達到軍事目的，還打通了橫貫歐亞大陸的絲綢之路，成為二千年前世界的一大奇跡。張騫之後，漢朝使團源源不斷出訪各國，足跡遍及中亞各地，以求建立外交和通商關係，每個使團都帶有數萬頭牛羊和價

◀ **波斯風格的銀豆**

漢朝王族的隨葬品。原是古波斯阿赫美尼德王朝貴族流行的放置藥丸的銀盒，公元前2世紀經羅馬流傳到漢朝，應是政府之間饋贈的禮物。後經中國工匠在盒上配置足和鈕，具有中西合璧的效果。

◀ **羅馬玻璃瓶**

漢朝和羅馬兩大帝國都希望建立官方外交關係。公元97年，漢朝使者出使羅馬，行至波斯灣，半途而返。公元100年，羅馬安敦尼王朝派使者出訪漢朝，到達都城洛陽，並向漢朝皇帝送禮物，求結盟約，一時驚動朝野。漢朝皇帝向使者頒授最高榮譽——紫綬金印，從此雙方正式建交通商。這件玻璃瓶是貴族的隨葬品，是羅馬製品，應是羅馬與漢朝建交時期傳入中國的。

值巨萬的金幣、絲綢。絲綢順着使者往來的道路運出西域，遠達地中海，成為世界聞名的熱門貨，羅馬皇室甚至掀起了競爭攀比穿着中國絲綢盛裝的奢侈風氣。

絲路上最早的旅客，是頻繁往來的各國使節，商隊、教士隨後而來。中國、印度、波斯安息王朝、羅馬等彼此陌生的、各具特色的文明，在絲路上，尤其在西域地區交融和傳播，由此產生了兼具東西文化特色的、奇異的西域文明。此外，西方的奇珍異寶、歌舞技藝和民俗民風也傳入中國，為漢朝帶來一股“胡風”。這一時期的歐亞大陸是世界上文明高度發達的核心區，而東方的漢朝與西方的羅馬，這兩個最強盛的、版圖疆域最廣闊的大帝國，也由絲路連接起來。

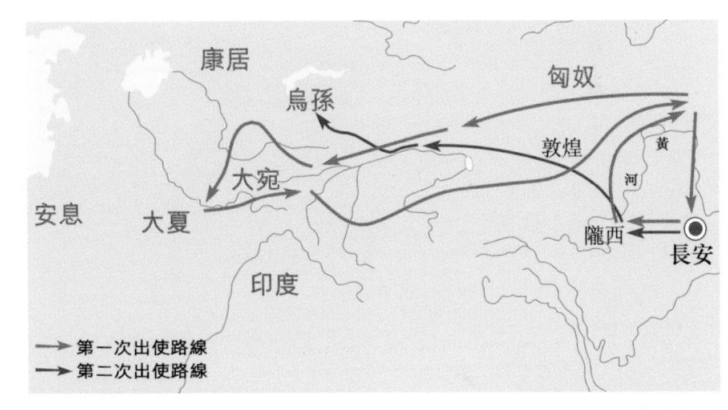

▲ 張騫出使西域的路線

◀ 張騫出使西域壁畫

敦煌莫高窟壁畫描繪了漢武帝派遣張騫出使西域到達大夏的情景。

1 張騫辭別漢武帝　2 張騫與副使往西域途中　3 張騫到達目的地

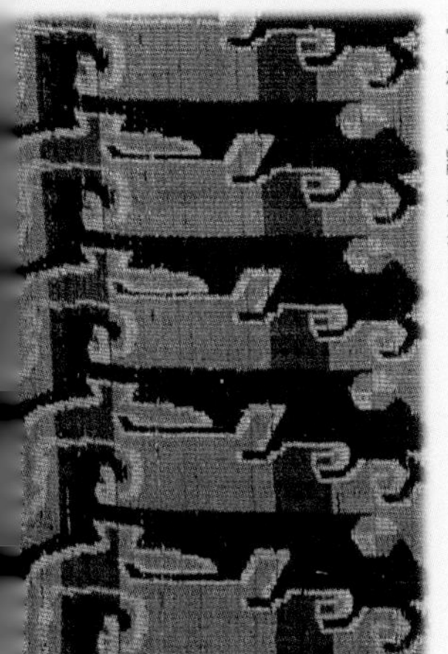

◀ 輸出西亞的漢朝織錦

大家一直認為，當時世界上的兩大帝國，漢朝以發達的農業著稱，羅馬以發達的商業著稱。其實，漢朝是憑着繁華的商業和精美絕倫的手工業產品享譽世界的。這是漢朝官營紡織工場專為輸出西亞地區而織造的錦，圖案是波斯流行的風格。

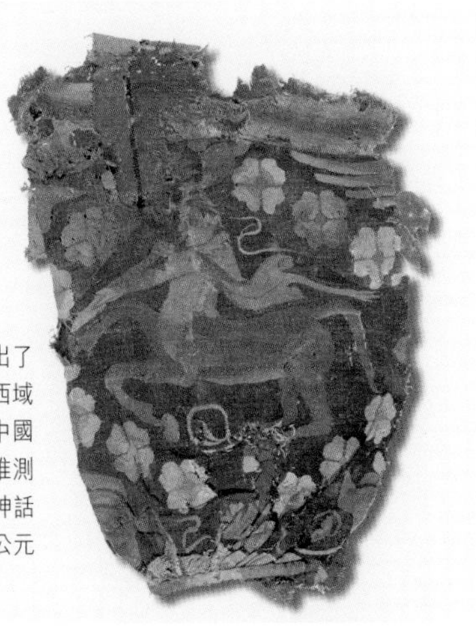

► 希臘神像圖案的織物殘片

歐洲貴族得到中國的絲綢，為之也付出了黃金和高貴的羊毛織物等巨大代價。西域出土的羊毛織物殘片，是從歐洲運往中國的商品，織有一人騎馬的圖像，有人推測是馬其頓亞歷山大大帝畫像，或希臘神話中人頭馬腿怪涅索斯的畫像，又或是公元前 11 世紀起源於巴比倫的人馬星座。

世族與皇帝共治天下

▲《洛神賦圖》中的世族男子

魏晉南北朝是豪強世族的天下，他們或為一地著姓，或為朝廷重臣，通常都有雄厚的經濟實力。他們建立自給自足的莊園，過着優哉悠哉的日子。畫中的世族男子一身華衣美服，踞坐方榻上，眾隨從站立侍候，盡顯貴族風度與優越地位。

秦漢帝國維持了四百年的統一局面，到公元220年宣告結束。全國陷入一場歷時三百多年的大動蕩，漢族政權四分五裂，來自北方的胡族政權亦加入了逐鹿中原的戰事中。

這次大變動淵源於漢朝內部。漢帝國在擴張疆土之時，王室貴族和高官也熱衷於擴張自家的地盤，大肆購置田產、山林河川甚至礦產資源，以經營自給自足的莊園，稱霸一方。莊園的膨脹，使官僚、商

◀ 北朝文官俑

南北朝的世族地位顯赫，政治圈內莫不是名門望族。這是北朝文官形象。

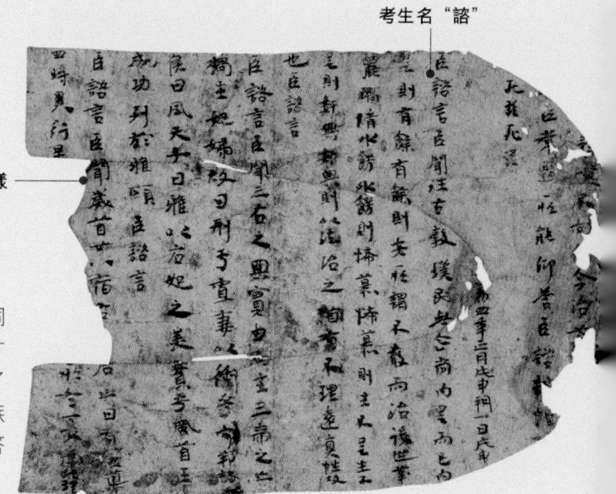

考生名“諮”

原始考試卷被人剪裁成為鞋樣

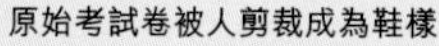

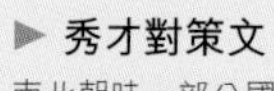

► 秀才對策文

南北朝時，部分國家仍實行與漢魏相同的選舉制度。當時世家大族將選舉秀才作為擴大政治勢力的手段，統治者為了維護統治，在選舉秀才時，也重用世族子弟。這是策試秀才的試題和考生的答題殘件，秀才“諮”，應出身世族。

人、地主“三位一體”的豪強世族世代為官。東漢皇帝就是豪強世族扶植上台的，他們牢牢控制了整個國家的政權，皇帝集權遭到前所未有的威脅。

東漢晚期，地方割據勢力興起，豪強世族又控制了選拔官吏、進入仕途的通道。後來推行的選官制度——九品中正制，主要由世族出身的官員負責選拔人才，他們選拔官員忽視才能和品德，家世門第卻成為唯一標準，這使門閥世族控制朝政的特權合法化。新選官制度推行後，世族掌握了國家各級政權，世代盤踞高官重位，甚至與皇帝共治天下。

在南北分裂的政權中，豪強世族的勢力達到極致。大批中原望族隨晉王室南遷，與江南土著世族聯合，控制了南方的政權。北方未能南遷的漢族世族，也與入侵中原的少數民族統治者聯合，共同治理國家。凸顯了“上品無寒門，下品無勢族”的畸形社會現象。

◀ 世族的出行儀仗

皇室及王公世族把出行視為顯示身分的機會，主人乘坐在裝飾豪華的馬車裡，前有導從車輛，旁邊有護衛，其數量依官階的高下而增減。南北方也有差別，南朝出行隊伍是車騎與步從並重；北朝則以騎馬出行為主。這是北方貴族騎馬出行的場面，前後由身穿盔甲、持武器旌旗的騎馬侍從簇擁而行，聲勢喧赫。

◀ 世族的名刺

名刺就是今天的名片。魏晉時代，世家大族之間的交往，很講究對方的門第和官位。世族在拜訪時，流行出示名刺作為自我介紹。這塊名刺，屬於一位出身世族、名叫高榮的人，名刺用木製，厚達1厘米。

► 世族的牛車

世家大族出行，除了氣勢以外，還要求舒適。當時南方的世家大族流行坐平穩度較高的牛車。這輛牛車的車箱有窗有門，十分講究。

富甲一方的莊園

家兵防守的望樓
佃農正背糧邁向倉門，準備交納糧租

▲ **四層糧倉**

貯藏糧食的倉房是莊園中的重要設施。漢朝後期，樓閣式糧倉出現，而且越建越大，可以大量貯糧，有的甚至足夠維持莊園數十年的用度。此為典型的大型倉樓，在高層開風窗，保持空氣流通；底層設圍牆，防止糧食被偷。

漢朝後期，豪強積極經營莊園，當時的莊園是他們的經濟和軍事力量的來源，漢末的大軍閥不少都是依靠莊園主的支持才能割據一方的。

魏晉時代，取得政權的豪強世族，制訂了一系列的法律和制度，保障世族階層的利益。尤其從中原南遷的世族，為了保障在北方固有的優越地位，法律規定按官職品級佔據大小不等的土地和山林川澤，致使江南世族更加肆無忌憚地搶佔農田，擴充莊園，佔地跨州越縣，面積將近萬里，還霸佔成千上萬的奴婢，莊園經濟由此迅速膨脹起來。原本由國家控制的土地和農民，大量轉入為莊園主的私屬產業，國家空虛由此而來。

由於社會動亂，貨幣失去信譽，社會上流行用貨物交換的貿易。為了應付戰爭需要，積蓄足夠的自保能力，自給自足是最恰當的經濟模式。豪強世族在兼併而得的連綿沃土上精心經營私家莊園，這裡一切生活必需品全部自己生產而無需外求。農、林、牧、漁等多種形式的生產，甚至紡織、鑄造、釀酒、製藥、礦產等百工

▲ **莊園的生產 —— 牛耕**

士族私佔土地後，最直接受害的是農民。動亂頻仍的魏晉南北朝，原本自由的農民為了自身的安全和生活着想，也要依附於世族，在莊園從事最主要的經濟生產——農耕，但地位與奴隸無異。

▲ **莊園的生產 —— 牲畜配種**

畜牧業對莊園生產的重要性，並不下於農業。莊園裡六畜齊全，以飼養馬、牛、羊為主。這幅壁畫繪畫了兩隻馬正在配種。

技藝，一應俱全。其產品佔據商品市場的主導地位。富甲一方的莊園儼然是一個獨立王國，“僮僕成軍，閉門為市，牛羊掩原隰，田地佈千里” ，是莊園景象的真實寫照。這類莊園南方比北方更發達。

莊園也成為世族在政治、軍事、經濟上爭取更大利益的堡壘，有的莊園主被朝廷委以重任，顯赫一時。有的莊園主既是族長，又擔任地方長官，形成在莊園主監督下的地方政權。為了保障世族高貴而純正的血統，世族之間利用婚姻結成政治網絡，把持朝政，是普遍現象。 但是世族横行也做成非世族的人才憤憤不平，尋找機會動搖世族的勢力。

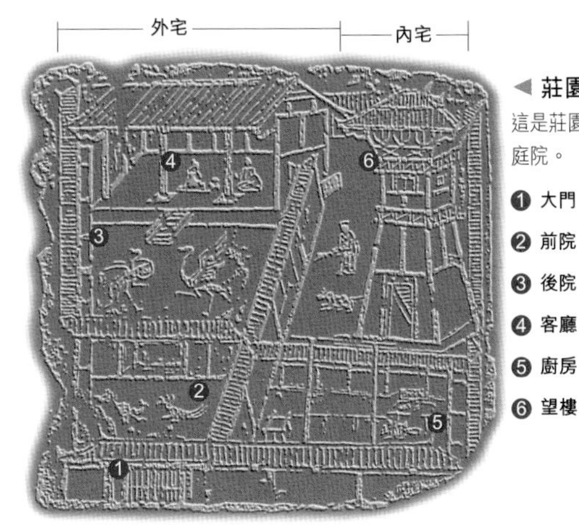
外宅
內宅

◀ **莊園的庭院**

這是莊園主居住的庭院。

1. 大門
2. 前院
3. 後院
4. 客廳
5. 廚房
6. 望樓

◀ **昔日莊園的集中地 —— 紹興東湖**

魏晉南北朝的豪強世族身處亂世，朝不保夕，他們縱情享受山林野趣。南朝莊園將山林川澤納入其中，更向園林化發展。這裡是會稽郡（今紹興）東湖，因“千岩競秀，萬壑爭流”，是東晉南渡世家仰慕的佳境，當時有許多著名的大莊園坐落此地。

◀ **莊園的生產 —— 採桑**

這是西北地區莊園中女奴婢的採桑情景，説明莊園中自給自足的經濟形式之一 —— 種桑紡織相當普及。

工人推着裝滿酒甕的車，準備運酒出售
準備釀酒原料
工人用酒甕承接從酒槽濾出的酒

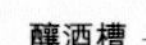
釀酒槽

▶ **莊園的生產 —— 釀酒**

釀酒是莊園的主要生產之一。莊園自設酒坊，除供莊園主消費外，還大量出售，數量相當可觀。這是大莊園酒肆作坊生產的情景。

莊園中的世族與下等人

莊園裡有各式各樣的人，很大部分是由於社會貧富分化，大量農民在土地兼併中破產，無以為生，淪為世族莊園的農奴，甚至奴隸。豪強世族富有的標誌，不僅是擁有萬頃膏田，還擁有成千上萬的武裝家兵、農奴和奴隸。

各地大小莊園主都是有社會地位的豪強世族，他們或為當地大姓，擔任地方屬吏，仗勢左右地方局勢；或為高門大族，出任朝廷官職，參與國家政治。即使沒有一官半職的，也因為出身高門和擁有經濟實力，享受着奢華享樂的莊園生活。莊園毫不比帝王的宮苑遜色，其間有亭台樓閣、山石林泉，裝飾華麗。甚至皇家宮苑都效仿著名莊園的風格。

▲ **棋弈木俑**

在動蕩的年代裡，莊園主仍然享受着歌舞昇平的生活。棋弈，是貴族莊園聚會時必不可少的項目，在當時還是凸顯優雅高貴之風、顯示貴族身分的技能。

莊園主可以維持如此優悠豐足的生活，在於他們擁有大量的土地和勞動力。大量失去土地的平民，迫於戰亂和生計，投靠莊園主，淪為莊園的下等人，在莊園中的地位很卑微。他們依附於莊園主，戶籍都歸屬為莊園

► **講究的士族居室**

畫中盛妝的男女主人相對，脱鞋屈膝而坐。描繪的家居陳設及服飾等，就是當時望族名門的真實生活。

▲ **梳妝圖**

莊園中的奴隸有生產和非生產兩種，負責生產的主要從事手工業和農耕。非生產的奴隸主要是從事家內服役的奴婢和歌舞伎樂。這位奴婢正在侍候主人梳妝 。

▲ **守衛圖**

守衛手持木棍，帶了狗隻，看守莊園。

主管轄，不由政府控制。他們雖不用向政府交稅或服役，但須聽任莊園主的差使，從事各種生產、作戰、雜役等工作。

在下等人中也有尊卑等級之別，與莊園主有血緣關係的宗親和賓客組成的家兵地位最高；勞作的農奴身分低一些，但不能隨意買賣；奴隸是最卑賤的人，不僅失去土地，也失去人身自由，屬於莊園主的私人財產，可以隨意買賣，他們的境遇甚至倒退到如同二千年前的商周時代的奴隸。

► **世族生活圖漆盤**

這是世族家居的生活場景。畫面分上中下三層，上層是宴賓場面，中層是家庭成員的日常生活，下層為郊遊場面，畫面呈現出世族豐富的休閒活動。

◄ **簸糧女陶俑**

一名奴婢的價格與一頭牛的價格相當，當時奴婢市場相當活躍。奴婢逃亡或反抗，要處以極刑。這位拿簸箕的婦女，應是負責莊園雜務的奴婢。

簸箕是揚米去糠的工具

► **庖廚圖**

廚房內放滿肉食，僕人忙於切肉，為宴會做準備。當時，一般百姓以至低級官員是吃不起肉的，只有世族才在宴飲中吃肉。

豪強的軍事防禦 —— 塢堡

在兵匪不分的戰亂時代，人民為保生命，與同姓和鄉里建築牆垣高、易防守的堡壘。各地的豪強世族，也紛紛強化莊園的防禦，組織自己的兵丁。一種稱為塢堡的防禦性軍事堡壘林立。這是軍事、經濟、政治一體的組織，也是具有時代特徵的產物。

塢堡一般都建立在地勢險峻的山間或溪澗水源之處，這樣既能據險而守，又可耕種灌溉，當然也有在平原、河邊建塢的。與城池相比，塢堡面積小，有高聳的瞭望角樓。一旦受胡族鐵騎的攻擊，盜賊流寇的搶掠，宗族成員便可以據塢堅守。等到敵人離去，危險解除，又可出塢耕種。

塢堡以宗族為單位，由數十戶至百戶族人組成。塢主大多由控制宗族權力的世族豪強擔任，但也可以通過舉薦產生。有的大小塢堡聯結成群，共同推舉出“統主”，勢力更加強大。塢

◀ 武裝家兵

莊園的軍事武裝都是由世族的宗親和賓客組成的。家兵在每年春、秋季的農閒時期，要進行射擊訓練，平時負責巡邏和保衛莊園，農忙時是勞動的主力，戰時又要舉兵參戰。這位家兵身穿武士裝，腰佩長刀，左手提繩，右手提加工糧食的簸箕，標誌家兵具有亦兵亦農的身分。

► 望樓模型

望樓通常都是多層建築，與角樓的作用一樣。在高聳的頂樓上懸掛大鼓，並有家兵巡視瞭望，一有敵情，立即擊鼓報警。

► 水榭亭

這是莊園中園林的縮影。堆土成山，引水成池，其間樓閣亭榭相連。亭中有人表演歌舞，四周卻有張弓持弩的家兵，嚴陣以待。這種水亭既是莊園中的遊樂場所，也具有防禦功能。

主督護族人，主持各項事務，安排生產與生活，指揮守備與作戰。世族控制下的塢堡成為一方霸主，並參與或主導當時的軍事割據戰爭。他們憑着雄厚實力，以武功為自己開闢政治道路，這也是世家大族興盛的一個原因。

戰亂的北方，塢堡數量比南方多，分佈很廣。北方塢堡已經成為地方上強大的軍事勢力，也是平民百姓賴以生存的主要場所。大小塢主對於少數民族統治者，有依附的、也有對抗的。由於塢主具有軍事實力，蔭附大量人口，事實上是在與國家爭奪政權和經濟地盤，因此塢主與胡族政權之間明爭暗鬥，政府也採取各種措施，限制塢堡勢力的發展。

▲ **壁畫中的塢堡**

北方兵戈擾攘之際，未能南遷的世族，都築塢自保。為了加強力量，他們結聚在一起，有些是同宗同族，有些是姻親，關係極為密切。這是魏晉時期的壁畫，真實描繪了在軍閥混戰下，地方世族築塢自守的情景。

◄ **城堡模型**

這是南方的小型莊園城堡。在城堡四周是高牆，四角建角樓，家兵可以從高處瞭望和防衛。底層沒有窗，只有高層才有通風的窗，是城堡防禦敵人入侵的措施之一。

► **拿刀的家兵**

這兩個陶俑，粗眉濃髯，手執武器，應是負責莊園保安的家兵。他們雖然都是莊園裡的下人，但地位比一般奴婢高。

◄ **彩繪騎士陶俑**

黃河流域以北地區的世族大莊園，多組建騎兵保衛莊園的安全，而且一般都是輕裝騎兵。這件陶俑，裝束輕便，便於行動。戰馬沒有披甲，是典型的輕騎兵形象。

來自北方胡族的衝擊

▲ **胡族武士**
這個鮮卑貴族墓出土的武士俑，是胡族士兵的形象，面目以誇張手法表現其威猛。

軍閥混戰揭開了帝國分裂動蕩的序幕。生活在漢朝版圖北部的少數民族：匈奴、鮮卑、羯、氐、羌等，統稱"五胡"，趁漢朝衰落的機會，紛紛建國，即"五胡十六國"。蒙難的漢帝國，與羅馬帝國同樣在外侵與內患中滅亡了。一向是政治、經濟、文化中心的黃河流域遭到空前的破壞，居民十不存一，在擅長騎射、勇武征戰的五胡的鐵騎下，大量流民南遷。

大舉南遷的中原漢族，以淮河或長江為界，堅守國土。中原尚存的百多萬人口，漢族不足一半。在動蕩的三百七十年中，南北對峙局面持續了三百二十年。

北方的五胡國家不斷互相攻伐，政權更替有如走馬燈，人民流徙於途，生命朝不保夕。

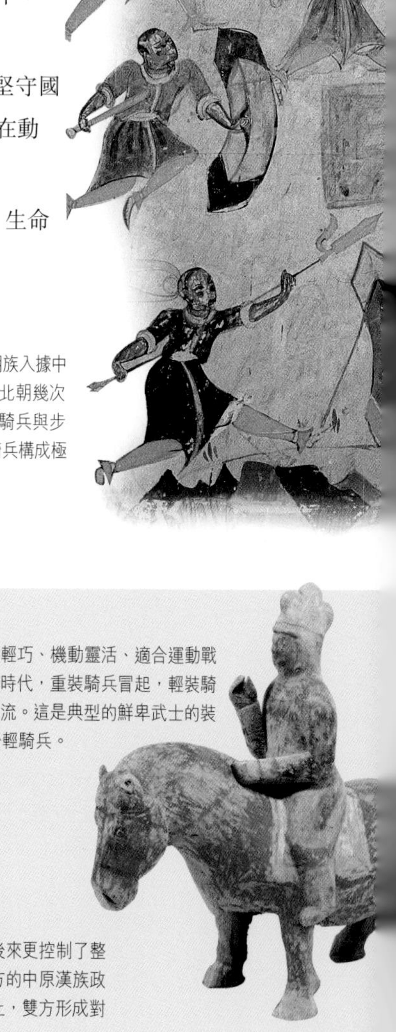

► **重裝甲馬作戰圖**
在魏晉南北朝，大小戰爭無數。受摧殘最烈的是北方，因為北方是胡族入據中原的大前方。由漢末割據地方的軍閥混戰，到五胡十六國混戰，到北朝幾次政變易主，北方政局穩定的時間很短。此圖表現了北方戰場上重裝騎兵與步兵作戰的情景。這時期的戰爭以騎兵為主，鐵騎對沒有鎧甲的輕裝騎兵構成極大的威脅，步兵更無法與之對抗。

► **輕裝甲騎兵**
秦漢時代，流行裝備輕巧、機動靈活、適合運動戰的輕裝騎兵。到魏晉時代，重裝騎兵冒起，輕裝騎兵已不再是騎兵的主流。這是典型的鮮卑武士的裝束，戴雞冠帽，屬於輕騎兵。

◄ **分裂時代的南北分界線**
西晉以來，少數民族逐漸強大，後來更控制了整個北方地區，紛紛建國。遷居南方的中原漢族政權，利用淮河或長江天險堅守國土，雙方形成對峙局面。

這是繼春秋戰國之後的第二次大戰亂。春秋戰國的主戰場在黃河和長江流域，參戰的主體是華夏各族。而這次的主戰場在長城沿線直至長江以北的中原地區，參戰的有漢族和眾多北方少數民族，戰爭的規模更大、更慘烈。

連綿戰爭使社會動蕩不安，激發大規模的人口遷移，結果促進了邊遠地區和南方的開發；而各民族的交往也造就了南北民族大融合，西方文化大量輸入，中原文化大量轉到南方，為帝國的第二高峰 —— 隋唐盛世注入新血液。

▼ 鮮卑貴族的護衛軍

這是一隊鮮卑貴族的護衛軍及奴僕陶俑，都配以鎧甲騎具裝備，顯示出北方軍隊的特色。

► 重裝甲騎兵

隨着五胡向中原入侵，騎兵在戰場上成為主力兵種，為加強防護力，騎馬的戰士和戰馬都配上重型鎧甲 。曾在秦漢戰場中發揮巨大威力的遠程弓箭，面對重騎兵，殺傷力便大為減弱了。但重騎兵的鎧甲笨重，行動緩慢，僅適合單騎短兵格鬥，不適宜長距離的戰爭，到唐朝又被淘汰了。

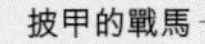

◄ 騎馬文官俑

這是北方文職官員的形象。戰爭使北方文官也穿鎧甲和配備戰馬。文官的鎧甲屬於輕型，冠和寬袖短襦衫是儒雅的官服，與皮鎧甲搭配很不協調，顯示少數民族文官亦文亦武的特徵。

成功的北方民族漢化運動

▲ 代表中央集權的銅虎符

鮮卑族在公元 396 年建立北魏，統治者在以武力統一北方的同時，用了二十年時間，從遊牧民族的部落聯盟向中央集權國家體制過渡。這個虎符代表着皇帝的權力，以及北魏已經進化成一個中央集權國家。

北方五胡民族在中原建國後，面對漢族廣闊的土地、密集而眾多的人口、發達的經濟和文化以及嶄新的帝國模式，他們深切感到難以控制。為了謀求一套有效的統治和管理方法，高明的胡族統治者提倡全面"漢化"，透過改革自身民族，拉近與漢族的距離，產生同化效果，藉以鞏固在漢地的統治。但推行改革，必須借助漢人的先進文明，這無可避免地觸動本族固有傳統和利益，每每招致貴族階層反對。"漢化"與"反漢化"的兩股潮流此消彼長，反覆激蕩。中國歷史上第一次大規模的民族漢化運動長達三百多年，隨後出現的大唐帝國的輝煌盛世，證實了這場急劇而漫長的漢化運動大獲成功。

在五胡政權的發展歷程中，縱然有個別統治者走相反的路，推行胡化，但總體仍以漢化為主要潮流，當中拓跋鮮卑建立的北魏可以說是最成功的王朝，也是第一個足以與南方漢族政權對峙的少數民族王朝。北魏孝文帝推行的全面漢化運動，包括政治上遷都到中原腹地洛陽、改革官制、禁用胡語胡服、改鮮卑姓為漢姓、禁止鮮卑同姓通婚，進行禮樂刑法改革，經濟上推行適宜農業發展的土地制度和稅收制度等。為了提高鮮卑貴族的社會地位，還提倡向漢人世族的生活方式轉變，提高漢文化修養，誦讀經書，賦詩作畫，成為鮮卑貴族的時尚之舉。這些變革帶動中國的民族大融合，為隋唐王朝的統治者開闢全新而開明的理念。

► 表現儒家文化的列女圖屏風

這是北魏重臣司馬金龍的陪葬品。北魏雖然由鮮卑人統治，但治內漢人比鮮卑人還多。厲行漢化的北魏統治者也重用漢人以維持社會穩定。司馬金龍就是受北魏重用的漢人。他原是西晉皇族的後裔，父親在戰亂中降附北魏，他後來與鮮卑貴族通婚，享有顯赫地位。這件漆屏風，畫面內容取材自漢人典籍《列女傳》，是北魏推行漢化運動的精髓 —— 推崇儒家傳統文化的例證。

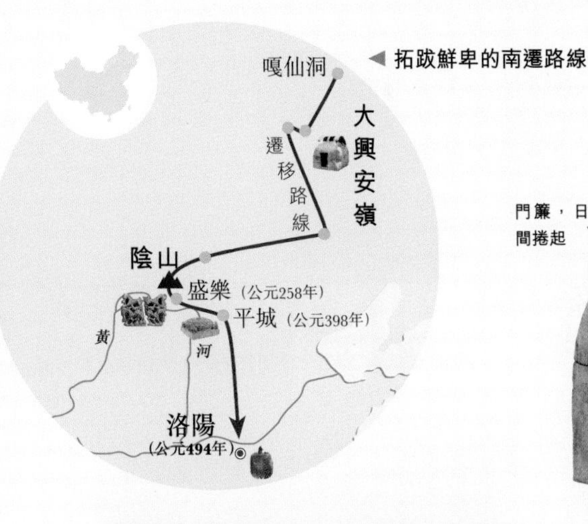

◀ **拓跋鮮卑的南遷路線**

▼ **遊牧時期的氈帳模型**

拓跋鮮卑原居於中國東北部，漢朝後期在大興安嶺森林中已是相當有勢力的部族。這是鮮卑族在遊牧生活中常用的氈帳，蓋上的氈簾可以活動，上面有兩個窗口，天晴時開啟，以通風和採光，遇有風雨則閉上。

◀ **盛樂故城出土的金飾牌**

拓跋鮮卑在陰山之南建立最早的政權，這裡宜農宜牧。在盛樂城發現了大量鮮卑遺物，證實這兒是北魏立國早期的重要根據地，他們在此加強軍事力量，並由純粹的遊牧經濟，逐步接觸中原文化。這塊金飾牌是拓跋鮮卑祖先的遺物，造型是具草原特色的四獸紋。

彈琵琶的伎樂小童

► **平城石雕柱礎**

平城是北魏苦心經營的北方統治中心。這件石雕柱礎，是皇宮中帳篷支架的柱礎，而不是木結構建築所用。帳篷柱礎保留了鮮卑族的遊牧遺風。雕工技藝精致而高超，紋飾華美，屬北魏朝廷管轄的雕刻工匠的典型作品。平城有百萬居民，其中不乏中原高級工匠。

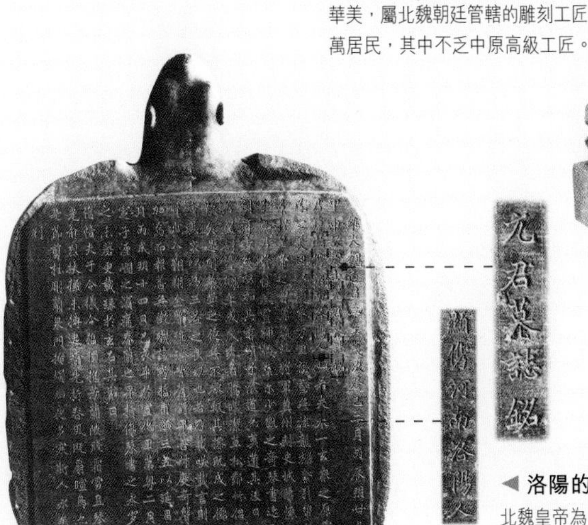

元君墓誌銘

◀ **洛陽的鮮卑貴族墓誌**

北魏皇帝為了加強鮮卑與漢族同化，要求鮮卑貴族改用漢姓。北魏皇族就由姓拓跋一律改為姓“元”。這塊墓誌上，這位鮮卑皇族更把北魏最後定都的洛陽視為其原籍貫，可見漢化措施確實達到一定效果。

漢族政權南遷的浪潮

南方在混戰年代，另有一個世界。尤其是長江以南的沃土，更嶄露頭角。這片江南之地，既是軍閥爭奪的地盤，在北方民族壓境時，又是漢族政權退守的半壁江山，政局相對穩定。三百多年裡計有六個漢族王朝相繼在江南建國，據守長江。

此時，北方的戰亂迫使原居於中原的漢人如潮水般遷徙，形成中國歷史上第一次規模巨大的移民潮。移民主要向東北、西北、東南三個方向遷徙，尤以向江南的遷徙規模最大，漢族第一次失去北方時，隨着政府南下的移民，最多的一次達十萬戶。中原的巨萬財富、人才精英和先進技術也隨而向南轉移，給江南注入了活力。新移民在廣闊富饒的土地上，重建家園。

南方的政權為了擴充國力，大力開發江南經濟，發展長江航運和水利灌溉。農業興旺發達，保障了都城和鄉村的糧食供應，商業、手工業使江南蓬勃繁華。長江流域還出現了許多大型的商業城市，尤其六朝相繼在龍蟠虎踞的建業（今南京）建都，使這裡發展成為南方的政治、經濟和文化中心。

南遷的皇室和豪強世族，雖然致力開發富足的江南，但始終以江南為暫時的居所，難以忘懷北方故土。六朝的帝王和貴族仍然固守北方的漢風習俗，並以此為榮耀。都城和帝陵都仿照漢朝建制。更講究出身門第的豪強世族，還沿襲漢朝聚族而葬的禮俗，奢侈厚葬，蔚然成風。

▲ 南方的武士

這位手執盾牌的武士，是東晉步兵的形象。魏晉時代的南方政權，為了應付較大的攻守範圍，已經組建騎兵。但由於地理環境的影響，仍相對重視水軍和步兵的建設。

▲ **長江**

長江是南方政權抵禦北方的最強防線，江寬40里（2萬多米），是難以逾越的天然屏障。魏晉時代，形勢北強南弱，北方曾多次大軍壓境，但南方最後總能以少勝多，轉危為安，長江防線發揮了重要作用。

▼ **守衛首都的軍事堡壘 —— 石頭城**

南方政權在首都建康城外圍建築軍事堡壘，在建康以西的石頭城是最重要的一處。石頭城依山而建，西北兩面瀕臨長江，在山上及江邊駐紮重兵，盡佔軍事防守之利。憑恃長江天險的優越地勢，易守難攻。這裡可以停船舶千艘，水軍駐紮於港口內。

► **隨葬的金飾件**

六朝帝王陵墓厚葬之風盛行。魏晉和南朝諸帝雖都下過詔令，禁止在墓葬中隨葬寶器和金銀珠玉之物，要求一律薄葬。但陵墓殘留的遺物有很多是金銀，製作極為精美，證實所謂禁令，徒為一紙空文。這是南齊陵墓中出土的金飾件，有人、葉及鳥等造型，高度不超過2厘米，應是頭飾。

◄ **南朝帝王陵墓的石碑**

在帝王陵墓的墓道兩旁放置石刻是漢朝以來的陵墓制度之一。六朝陵墓因破壞嚴重，地面僅留少量神道石刻。這些地面神道石刻，包括石獸、石柱、石碑三種，按先後排列。圖中是石碑。

► **南朝帝王陵墓的神道石柱**

這種體現了六朝時期中西文化交融的神道石柱，柱上嵌有一塊小碑，寫明墓主人的身分和姓名。

▲ **南朝帝王陵墓的麒麟石刻**

這些在陵墓的墓道兩旁的石刻，是六朝石雕藝術的代表作。這尊麒麟是一種神獸，是帝王的象徵。四足的爪趾上揚，展翅欲飛，造型生動。

北方傳統經濟重心的衰落

從井中取水的牧人　水井

▲ 畜牧井飲圖

西北及北方地區缺乏河流湖泊，主要依靠開鑿水井獲得水源，以供生活和飼養牲畜之用。圖中的禽畜正圍攏在井旁的水槽喝水。

敦煌

城市

移民路

魏晉南北朝時代，北方是戰爭的主戰場，又遇連年災荒，災民流離失所，紛紛舉家遷徙，黃河和淮河流域成為地曠人稀的荒涼地帶。中原昔日經濟上領先全國的地位動搖，南北方經濟失去平衡，影響極其深遠。

戰亂和天災嚴重打擊了農業，大量田地荒蕪，糧價飛漲，人口流失，是對北方經濟最致命的危害。為了使中原農業復蘇，政府積極組織軍隊和農民開墾農田，其中以三國時期的曹魏和南北朝時期的北魏兩朝的規模最大、效果最顯著。北魏開墾的田地集中在黃河流域，同時推行授田制，政府按照每戶人口數量授予農田和耕牛，還遷徙了十多萬家到都城洛陽。這雖使嚴重衰退的北方農業得以略為恢復，但已無法回復昔日全國經濟中心的地位了。

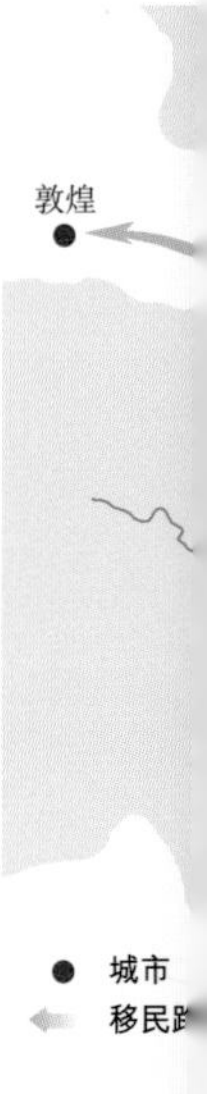

大規模的移民潮也改變了原來的經濟面貌。魏晉時期從中原流失的人口，其中包括了大量世家大族，他們有一部分西遷至隴西和河西走廊一帶。人才和生產技術源源輸入，使這些原屬未開發的邊境地區，一時成為中原文明的避難所。加以北方政權也積極在此開墾耕地，農業和畜牧業相當發達，使其一躍成為北方新興的經濟區。因此，在經濟中心由中原向江南轉移之時，北方的隴西、河西走廊以及遼東的生產水平，在全國也佔相當的比重，帶動了北方經濟的局部復甦。由此形成的經濟新格局，不容忽視。

► 壁畫中的墾田圖

河西走廊的魏晉壁畫中，大量描繪軍隊墾田和生活場面。圖中武裝的士兵和耕地的農民合處一起，反映了士兵戰時打仗，平時耕地，當地百姓也參加墾田的事實。

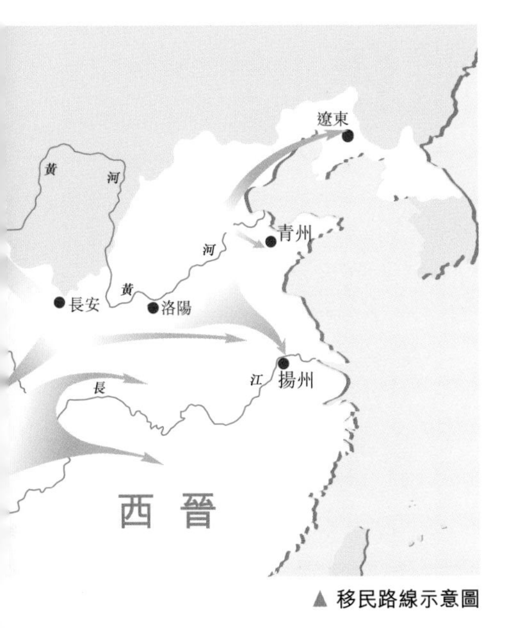

▲ 移民路線示意圖

▼ 西北地區的農耕系列圖

在河西走廊的墓葬中，有大量表現農業技術的畫面，反映了當地對科學種田的重視。這是一套於旱作地區土壤耕種的畫面，可見從播種到收穫的全過程。播種前用犁翻鬆田地；其次用新技術耙地，可保持土壤水分和抗旱，使種子與土壤緊密結合，以利發芽生長。

耕地

在漢朝發展起來的二牛拉犂翻土技術，在西北地區已經普及。

耙地

耙地是農耕的重要環節，將大土塊耙得細碎鬆軟，使土讓均勻平整。

播種

前面的女人在撒播種子。後面的男人在種子播入土壤後，用耰敲擊土塊，平整土地，掩埋和壓實種子。

揚場

穀物脫粒後，為去除穀中雜物與空殼，農夫用杈揚場。畫面表現了農夫在收穫季節的快樂。

移民潮推動的江南開發

▲ **魚米之鄉 —— 太湖**
位於江蘇的太湖，物產豐富，盛產魚、蝦、蓮藕、水果，這裡還種植大片桑園養蠶，為絲織業提供原料，是南方經濟的腹地。

這三百多年的戰亂和移民潮，改變了長期以黃河流域的中原為經濟重心的格局，這個劃時代的轉變，影響此後中國上千年的歷史。

南遷的漢族政權雖然時刻籠罩在戰爭的陰影裡，但是已經沒有大規模北伐的實力，偏安心態佔了主流，重返北方家園只是夢想。相對穩定的政局，適宜經濟大發展。與北方經濟恢復的程度相比，江南的農業成就最為突出，在人口增長、開拓耕地、興修水利和改進農業生產技術等方面，都有突飛猛進的發展。

南方各政府為保證軍糧的供給和增加財政收入，非常重視開發農業，徹底改變了江南人口稀少、農業落後的狀況。東吳曾發動數十萬軍隊和南下的農民開荒屯田，還帶來北方先進的農業生產工具和技能，開拓了江南耕地的面積。屯田的成功，既保障了流民的基本生活，也保障了軍餉來源。大規模的江南墾荒基本完成，到隋朝已經沒有荒地了。

◀ **江南的農業高產區 —— 長江三角洲**
這是江蘇省的長江三角洲，位於長江出海處。長江帶來了充沛的水源，而水裡的泥沙也在長江口經過長年累月的沉澱，形成了這片土壤肥沃的平原地帶，是中國農業高產區之一。

► **畫像磚上的江南農民**
南方農民進一步改進北方先進的農具，使這些工具變得更加適合長江流域的土質，還增加了許多新型農具。這是典型的江南農民，正在用鐵臿深挖土地。臿體比北方的長，適宜深翻黏性土壤。

南朝政府還興修水利，疏通河渠；築成陂塘，用以蓄水；在湖沼四周開闢湖田 ，形成密集的水利灌溉網。重點的水利工程，都是圍繞都城建康興修的，保障了朝廷的物資需求。而隋唐時貫通南北的大運河江南段，在這時已經略具規模。

江南新興的商業城市環繞在都城建康周圍建起，海上交通也將東亞各國連接起來，中外海路貿易來往頻繁，使南方的商業貿易比北方更繁榮。

▲ **荊江大堤今貌**

荊江是長江的一段，近洞庭湖，河道彎曲，容易泛濫。東晉修築荊江大堤，是南朝重大的水利工程之一，至今仍惠及兩岸農田和村莊。

◀ **秦淮河**

江南四通八達的水路網絡及運輸，是由長江等天然河道，配合歷朝人們所開發的大小運河等水利建築而構成的。秦淮河在魏晉南北朝時期已是建康對外的交通要道，由蘇杭供應京城的糧食都由此運抵。

◀ **江南的商業 —— 牽馬運貨**

江南密集的商業城市之間，陸路和水路暢通。陸路普遍以馬代步和運輸貨物。南朝畫像磚上有牽馬運輸的畫面，牽馬人闊步向前，馱運貨物的馬後還有一人跑步緊跟。

▶ **江南的手工業 —— 青瓷器**

南方手工業的最大成就是青瓷工藝的創新。青瓷質地細膩堅實，釉色光潔雅致，深得貴族的喜愛。這件青瓷是江南世族的隨葬品，塑瓷技巧非常高，是青瓷的精品。

清談玄理與魏晉風度

魏晉南北朝的分裂局面與數百年前的春秋戰國極其相似，同樣在戰亂之中，知識階層卻異常活躍。漢朝獨尊的儒術，在這個亂世中，價值受懷疑，社會失去了精神支柱。道家的老子、莊子大受思想界歡迎。知識分子熱烈討論，當時稱為清談玄理，而這種以老莊思想為主的哲學思潮，稱為玄學。

▲ 竹林七賢之劉伶

劉伶是魏晉清談與玄學的代表人物之一。竹林七賢以玄學思想為寄托，優遊於山林之間，不為禮教束縛，在當時極具名望。畫中的劉伶，正坐於樹下喝酒。

文人聚集在山林間清談玄理，是一種時尚。清談的人手執麈尾，那是一種如塵拂的用具，在辯論時揮動，凸顯他超脱塵世的氣度。清談的話題多是形而上的抽象命題，哲理玄妙深奥，機智思辯。玄學繼承了道家崇尚簡樸、自然的精神，提倡人應當自由自在地生活，充分發揮個人的意志，不受任何約束。玄談者思想敏捷，語言巧妙。他們又多是世家子弟，寬袍廣袖，風度超凡。可是，這種自由自主的思潮，在長期戰亂、生命朝不保夕的環境中，卻衍生出消極性，玄談變成逃避政敵迫害的手段，尤其在南遷的世族和文人之間，放浪形骸、玩世不恭的行為盛行，他們袒胸、露臂、赤足，故意不同流俗、不修邊幅、放任自流。人生短促、及時行樂的處世態度，也使飲酒成風，許多文人終日沉緬於醉鄉，少了先前的憂愁，多了放縱與頽廢。當時的代表人物是“竹林七賢”，他們都以玄學思想為精神寄託，以縱酒談玄、放任灑脱著稱。

魏晉風度的風行，實際是對儒學倫理的激烈反叛。魏晉風度的文人，外表雖然與春秋戰國時期浪跡天涯的俠士相似，但是那時的俠士滿懷英雄主義精神，“士為知己者死”是他們的座右銘，為國家、為君主

◀ **魏晉文人的形象**

這是唐朝繪畫的《竹林七賢圖》的殘卷。畫中兩人列坐在竹木草石之間，身旁有侍童奉侍。左面一人袒露上身，右面一人抱膝而坐，瀟灑隨意。從人物衣飾、神態表現了魏晉文人寄情於自然山水，追求超俗高雅的意境，可見這一思潮對後世文人的影響之深遠。直至宋、明、清的文人繪畫中，還追尋着這種高雅的風格。

隱囊，即靠枕

方褥，是魏晉流行的隨身坐具

◀ **五石散的成分**

魏晉世族和士大夫為求長生不老，有服藥之風。這種"延年益壽"的藥，即五石散，因服後渾身發熱，不能吃熱東西，又稱"寒石散"。發熱其實是服藥後的中毒現象。五石散的配劑有多種説法，有説是以紫石英、白石英、赤石脂、鍾乳石、硫黃五種礦物配製。圖中是其中兩種。

紫石英

鍾乳石

▶ **熏爐**

這種熏香爐是魏晉瓷器的大類。士族喜歡用它來熏香衣服，他們在清談時，也常點燃香氣，滿室幽香。

獻身最光榮。而玄學精神下的文人更多的是表現自我意識和悲觀的情調。加之玄學屬於世族的哲學，哲理深奧，曲高和寡，很難在平民大眾階層傳播。玄學主要盛行於漢族統治的江南地區，北方也受到玄風影響，但儒學並未完全喪失中國正統哲學的地位。

文殊

維摩詰

◀ **維摩與文殊辯論**

這件佛教人物造像碑，滲入了玄學的痕跡。碑上雕刻了維摩詰居士與文殊共論佛法。維摩詰寬袍大袖，手執麈尾，亦與魏晉文人清談的情況相似。

▼ **貴族墓室中的山水圖**

這幅山水圖不但有極高的藝術價值，而且反映一個重要的時代特徵 —— 探究玄學，浪跡於山水間，是不少有識之士追求的生活。

▼ **吹笙引鳳圖畫像磚**

這是南北朝很流行的追求仙道升天的故事畫。好吹笙的王子喬到伊洛河畔遊玩，遇上仙人浮丘公，他們一起騎仙鶴上嵩山。這個故事正切合了魏晉士人追求仙道的心態。

佛教風靡中國

當儒學失去威望，玄學曲高和寡之時，大多數的中國人處於精神迷惘中。漢朝後期，來自印度的僧侶通過絲綢之路進入中國的中心地帶，傳播一種完全外來外來的宗教 —— 佛教，此時大獲成功。南北敵對各國，無論是胡族統治，還是漢族統治，在釋迦牟尼面前卻表現出空前的一致，上至帝王貴族、下至平民百姓都皈依佛教，可以說，公元5、6世紀是佛教在中國發展的首個高潮。

▲ **北魏貼金彩繪菩薩像**

在世俗社會中戰亂帶來的災難，使悲觀厭世的思潮泛濫。而佛教中大慈大悲的菩薩，可以普渡眾生，成為人們供奉的主尊之一。

其實，佛教在公元1世紀已經傳入中國，但最初受到土生土長的道教、儒學以及傳統倫理觀念的強烈抵制，被視為邪教。而佛教在傳播過程中，佛教教義和傳教方式不斷迎合、融入中國傳統的思想。在那玄風大盛的時代，面對知識分子，名僧可以加入清談，並吸收許多具有儒學和玄學造詣的學者參加譯經和傳經；面對惶惑於生死的平民百姓，又可以中國人的傳統觀念和通俗語言，來解釋佛經的深奧教義。

經過這種中國化和世俗化改造，佛教在更廣泛的社會階層迅速傳播。佛教戒殺的教律以及佛法無邊和慈悲救世等信仰，都贏得民心，尤其為飽受戰爭之苦的平民百姓帶來慰藉和希望。佛教更成為分裂中的胡漢各民族共同的信仰。佛教經過二百多年的傳播，終於在中國紮根。

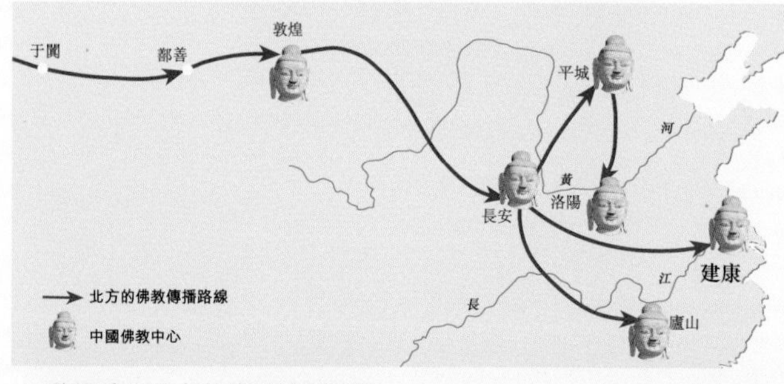

▲ **魏晉時代北方的佛教傳播路線**

漢末至西晉，僧人將印度佛教經絲綢之路傳入中國的中心地帶。西北涼州是胡僧深入中原前學習漢語的中轉站，尤以敦煌最蓬勃。關中長安，印度佛教大師鳩摩羅什在此建立譯經中心；南方廬山是南方漢僧集中地。北魏皇帝崇佛，都城平城和洛陽成為北方的佛教中心。

▼ **麥積山石窟**

這是在甘肅天水麥積山上臨崖開鑿的石窟，石窟自上而下修建。建造方式是先堆積木材到山上，建一層拆一層，工程艱巨。人們如此無懼困難危險開鑿石窟，可見對佛教的狂熱。

佛教帶來的外來文化，使中國人的傳統文化、觀念、習俗受到巨大的震動和衝擊，甚至改變了中國的社會風貌，成為中國傳統文化中無法分割的一部分了。大致在同時代，另一強大的宗教基督教也乘羅馬混亂的機會，成為統治西方精神世界的宗教。

▲ **供僧人修煉的禪窟**

佛僧靜思學習佛經教義，稱為禪修。禪修的理想場所，一般選擇在遠離塵世的深山茂林和溪水相鄰之處，開闢石窟寺，在窟中修禪。僧人坐禪時，須到窟龕前觀看各種佛像和圖解佛經教義的壁畫，然後在幽靜處打坐靜思，以助入定。

◄ **雲崗石窟的釋迦牟尼坐像**

魏晉南北朝時期從皇帝到平民，都參與開鑿石窟寺。北朝開鑿石窟，雕塑佛像，數量之多，規模之大，都為南朝所不及。公元 4 世紀開鑿的雲崗石窟，是最著名的北朝石窟，它是北魏皇室為修功德而建的。北魏皇帝自視為“當世如來”，這尊坐像高 13.7 米，形貌是仿照下令建窟的皇帝雕鑿的。

◄ **鼓勵行善的佛教壁畫 ——《福田經變》**

佛教用通俗的方式向民間靠攏，努力化入民眾的血肉肌體之中。修福田，即行善積德，福田思想與中國傳統的善惡報應觀念相近。這是繪於敦煌莫高窟的佛經圖解，描繪了佛經提及的幾種可獲福報的善舉，都與佛教倡導的積極效力社會公益建設有關。

► **百姓捐奉的佛教造像碑**

求佛拜菩薩能夠消災得福，現世積德死後可以進入極樂世界，這些都是中國廣大民眾較易接受的信念。這塊佛教石碑是一位北魏平民百姓捐錢給佛寺為她的已故丈夫刻造的。

▲ 敦煌最著名的石窟 —— 莫高窟

中西交融的佛教藝術 —— 敦煌石窟

位於河西走廊的敦煌石窟，是中國三大石窟之一。該地是東西的交匯點，從印度、尼泊爾等地傳來的佛經和圖像粉本，啟發了建造石窟的藝術家，他們的作品除了南朝畫家所倡導的“秀骨清像”畫風外，還具有印度、伊朗、希臘的宗教藝術風格，被譽為中世紀的藝術寶庫。

◀ 石窟內的佛像雕塑

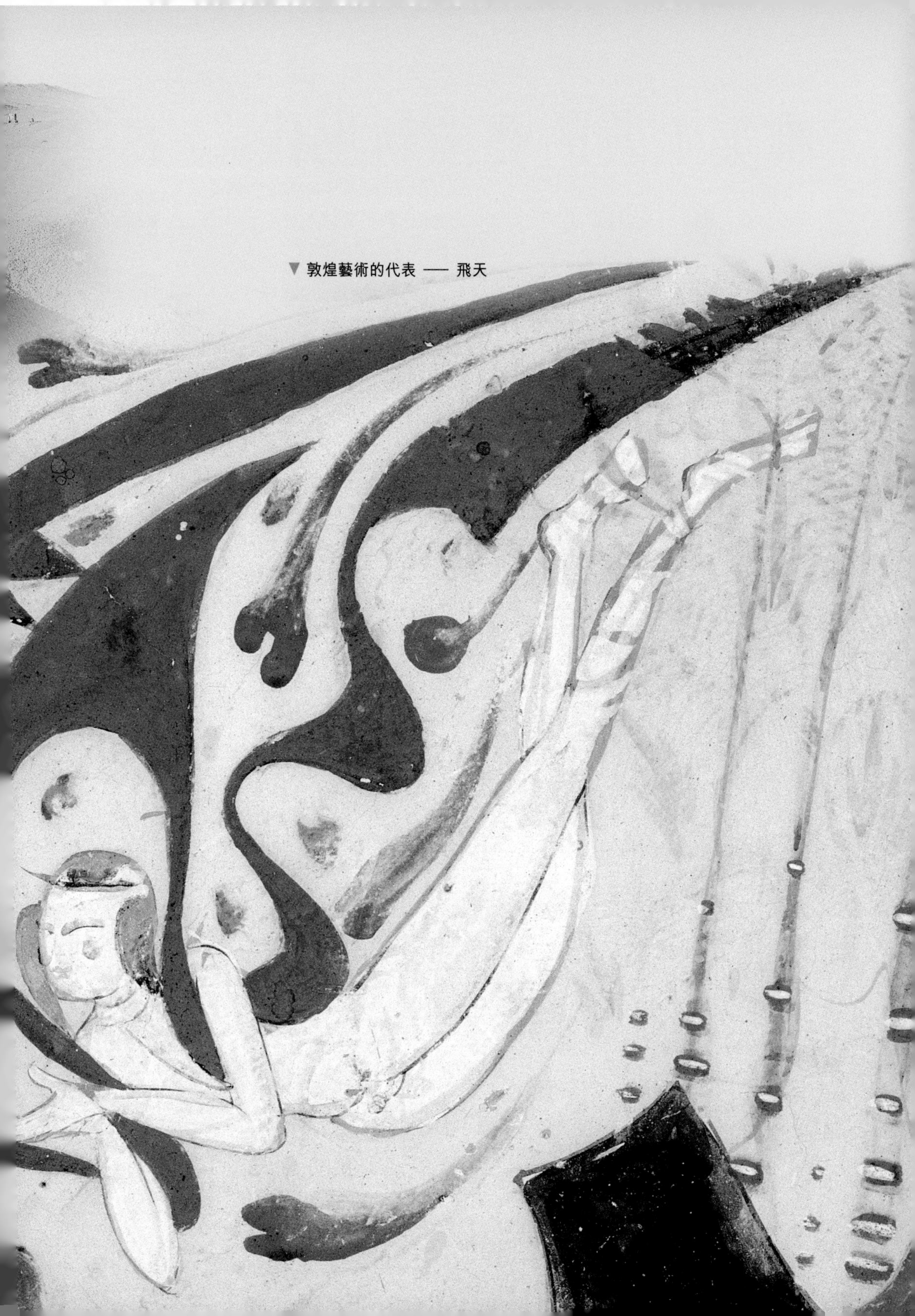

▼ 敦煌藝術的代表 —— 飛天

唯美主義的藝術新生代

▲《列女仁智圖》中的仕女

圖中人物根據《列女傳》的故事繪畫，用筆剛勁，並強調衣褶暈染。畫中仕女眉毛繪成紅色，可能是齊梁時代流行的化妝。

四百年的兵荒馬亂，並沒有使藝術消沉，魏晉時代，中國奇跡地又攀上藝術的新高峰，進入了全新的唯美主義境界。

寄居江南的世族和文人所熱衷的玄學，雖然沒有給他們帶來振作奮進的精神，卻使他們寄情自然山水之間，在清談思辯、飲酒作賦、戀鄉懷舊之時，得到了意外的藝術收穫。追求個性解放和唯美極致的繪畫、書法、樂舞等作品佔據了主導地位，也出現了一批空前絕後的藝術家：竹林七賢等文人集團中，不乏音樂、詩歌、繪畫的天才；具有道家修養的王羲之經常在暢飲作賦的集會時，產生書法的創作靈感；田園詩人陶淵明和畫家顧愷之也都創作出不朽的文學和繪畫作品。這些都是在活躍而自由的哲學論壇上，培育出來的藝術新生代。

文人愛好流連山水，於是自然風光時常成為描繪和讚美的對象。在中國繪畫史上，魏晉的創新成果便是開山水畫的先聲，這比歐洲的風景畫早了一千年。中國的山水畫注重人物與風景的搭配和呼應，通過作品抒發畫家豐富的內心情感。

中國書法藝術也在這時達到前所未有的高峰。書法家通過書寫，着意追求書法的韻律，表露風流儒雅的風度，書法藝術進入一個“自覺時代”。字體也由篆書、隸書轉變到楷書，還有注重意韻的草書和行書，豐富了書法的藝術表現力。

音樂和舞蹈更是進入了民族大交融、中西大交融的時代。一種融合了南方民歌的音樂 —— 清商樂，取代了古典雅樂的地位，與舞蹈表演配合，在南朝宮廷

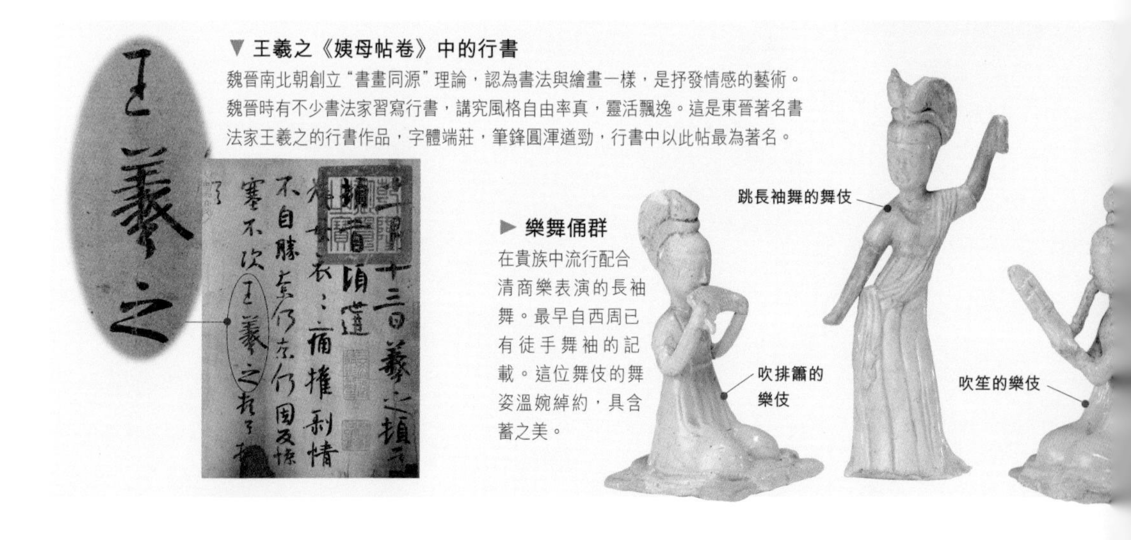

▼ 王羲之《姨母帖卷》中的行書

魏晉南北朝創立“書畫同源”理論，認為書法與繪畫一樣，是抒發情感的藝術。魏晉時有不少書法家習寫行書，講究風格自由率真，靈活飄逸。這是東晉著名書法家王羲之的行書作品，字體端莊，筆鋒圓渾遒勁，行書中以此帖最為著名。

► 樂舞俑群

在貴族中流行配合清商樂表演的長袖舞。最早自西周已有徒手舞袖的記載。這位舞伎的舞姿溫婉綽約，具含蓄之美。

流行，以後傳入北魏。而來自北方民族的高麗、鮮卑樂舞以及西域龜茲等地的佛教樂舞等，成為北朝樂舞的主流。這些樂舞有強烈的節奏感，藝術感染力很強，大受中原百姓的歡迎。當時胡樂與清商樂南北並立，互融匯通，使樂舞藝術注入了多元的血液。

▲《洛神賦圖》的人物和山水

圖中的人物造型飄逸秀氣。畫家還充分利用寄情山水的手法，用大幅的自然風光襯托故事的意境。但魏晉的山水畫始終處於萌芽階段，很多畫作中，人仍然是主角，繪畫得比一座山更大。

◀ 顧愷之《洛神賦圖》局部

南朝畫壇是士大夫的創作天地。他們有深厚的文化修養、優裕而閒暇的生活，超凡脱俗的精神世界，都在繪畫中顯露出時代的印跡。顧愷之是當時最負盛名的畫家。這是他根據三國魏曹植的名作《洛神賦》創作的繪畫，描繪曹植在洛水邊遙見水中仙子洛神在水上飄行的情形，被稱為絕代之作。

◀ 黃釉扁壺上的胡騰舞圖

魏晉以來胡人樂舞大量湧入北方，風格豪放灑脱，不拘一格。這件北齊的扁壺，腹部兩面有“胡騰舞”圖案，樂舞伎全為胡人形象。這件瓷壺造型仿自遊牧民族的壺，又以胡人樂舞作裝飾，在中原地區罕見。

在蓮台上起舞的舞者

► 南朝畫像磚上的奏樂圖

清商樂是繼承秦漢樂府、結合南方民歌而發展出來的，在南朝盛行，又有文人參與歌詞創作，故很受王公貴族和民眾的喜愛。演奏的樂器分彈奏、吹奏和敲擊三類，本圖表現了其中兩種 —— 吹笙和彈琴。這幅南朝的畫像磚，繪畫了幾位隱居深山的賢者，以奏樂為樂，又是玄學思想和魏晉風度的反映。

帝國新秩序

▲ **儀仗圖**

唐朝是當時世界上的頭等大國，圖中由車隊、馬隊及步兵組成的儀仗隊，軍容壯大，是唐朝國力強盛的反映。

經過近四百年大混亂，中國又復現為一個大帝國。隋唐時代和秦漢一樣，先有一個短命而有創新的王朝先行，然後是長久而興盛的唐朝。它的繁榮不下於秦漢帝國，與外國的溝通則更頻繁多采，是一個眾口交譽的時代。

這個帝國的統治者雖然是漢人，它的根底其實是胡漢融合的。就以被少數民族尊稱為天可汗的皇帝李世民來說，他的祖母、母親、皇后都是鮮卑人。

這個帝國一開創時繼承了秦漢的制度，又融合北朝的一些改良，再加有自己的新創。它的中央政府把相權分給幾個部門，於是有立法、審議通過、執行的三個最高政府部門，皇帝的命令也要經過這個程序；選拔人才的制度則由地方推舉改為科舉考試，這個制度令中國穩定興旺了很長時間，明末清初時影響到法國、英國以至歐洲其他國家的官員系統；它着意防止人民過窮，於是為民制產，凡壯丁都分配田地；至於軍隊，則是兵農合一，但不是全農皆兵，只是中上等人家子弟自願才當兵，當兵是一種榮譽，免了交稅，但政府也不發餉，由士兵耕田自養，自備馬匹武器；政府對法律也很重視，制定了刑法(律)，訂定各種法例(令)，編法律書，詳細解釋刑法精神，書裡還有模擬問答，又減去不少肉刑。日本人學了這一套，稱當時為律令社會。

這個時代的規劃力很好，努力做人口登記、田地分配冊、法律書。從它的首都長安城，也能見到政府的規劃能力，世界各地的使臣、留學生、商人見了這個市容和市政井井有條的世界級大城市，無不讚嘆。

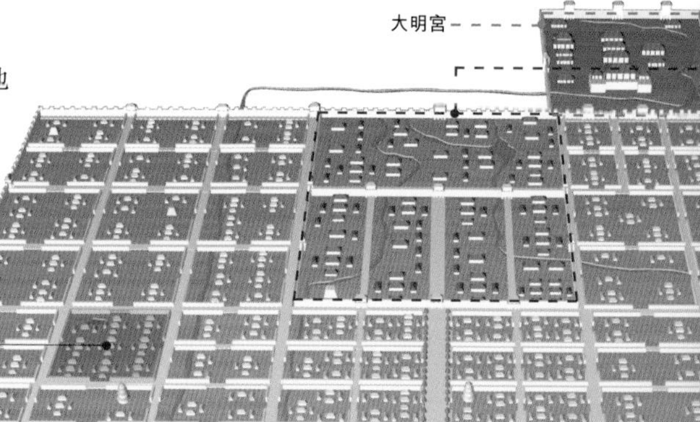

► **長安城立體圖**

長安城是唐盛世的國力和影響力的具體表現，佈局嚴謹，功能分區明確，有嚴格的秩序和等級觀念，顯示了大一統帝國的政治藍圖和優秀規劃能力。面積約84平方公里，是當時世界上規模最大的城市。

十一條南北向和十四條東西向的大街，將全城整齊劃分為一百零八個坊，方正整齊，有如棋盤。中央的大街十分寬闊，兩旁植樹。街道兩旁都有水道，每隔一段有濾網阻隔雜物。

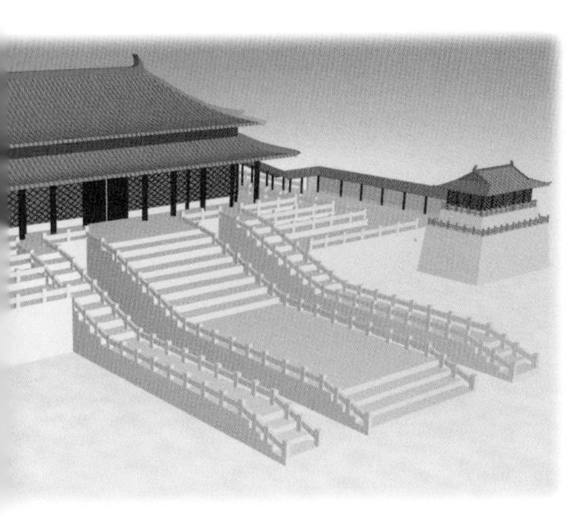

▲ **含元殿復原圖**

含元殿在大明宮內，本來是避暑宮殿的大殿，後來避暑的宮殿變成正式皇宮，含元殿也變成正式大殿。皇帝在這裡聽政，會見群臣，接見外國使節，舉行國家大典及閱兵等儀式。紅柱白牆，赭黃色斗拱，深灰色瓦和綠色琉璃屋脊，使這座宮殿顯得雅致、莊嚴。唐時還流行在高台上建屋，含元殿也有高台映襯，顯得雄偉、壯麗。它是目前唯一一座經過實際勘測發掘的宮殿。

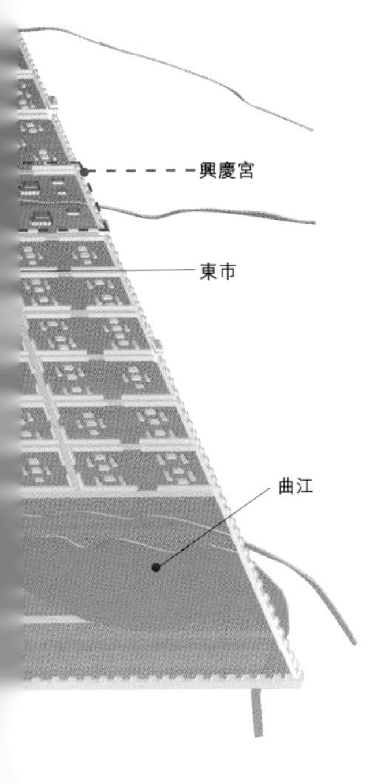

► **宮殿的鎏金門環**

這是長安城一座宮殿的門環，形體巨大，反映了宮殿建築的富麗堂皇。

◄ **長安城下水道鐵閘門**

長安城有下水道，為防止堵塞，每隔一段安一個閘門，以過濾雜物。第一道閘門用鐵條構成窗形，過濾較大的污物。第二道閘門是佈滿小孔的鐵板，過濾較小的污物。排水渠道不暢時，打開閘門附近渠道口的蓋，就可以清理。

► **大雁塔**

在最高一級科舉考試被取錄是當時讀書人的美夢，有個詩人高中了，寫下"春風得意馬蹄疾，一夜看盡長安花"的名句。取錄者既受招待在曲江皇家花園內飲宴，然後一起來到大雁塔下，推薦書法好的將他們的姓名、籍貫和及第時間用墨筆題寫在大雁塔的粉牆上。他日如果有人做到卿相，還要將姓名改成紅色。雁塔題名被視為莫大的榮耀。

◄ **彩繪貼金文官俑**

這文官斯文雍容，顯示了唐初文官的風度。唐初文官服式沿襲隋朝舊制，變化不大，兩當鎧加於朝服之外。從朝服顏色可以區分官階高低，紅色是四或五品官員所穿的顏色，官階比穿綠色朝服的文官略高。

► **彩繪文官俑**

頭戴黑色梁冠，雙手執牙笏於胸前，應為中高級官吏形象。

多民族軍隊

唐帝國的軍隊是當時胡漢並存的證據。唐朝正式兵制是兵農合一的，但同時也有很多以血緣統屬的外族軍隊。

唐朝正式兵制叫府兵，府就等於一個軍區，首都和邊疆的軍區數目多一些。每個府在當地招募中上人家子弟當兵，免他們的田租和力役，由於唐朝的壯丁都有國家分配的田地，這些士兵就免費耕作分得的田地，不必國家養，出戰也用自己的裝備。這是一種全兵皆農的制度，而國家也省下不少軍餉。不過制度初期，府兵的作戰力量未強，外族軍隊還是很重要。

▲ 天可汗

唐太宗是實際為唐朝開國打江山的人物，他本身有漢和鮮卑族血統，能征慣戰，很熟悉遊牧民族軍隊的優缺點，又有策略頭腦和善用各族人才的長處，是唐朝最有名的君主。中國古代西北各族君長稱可汗。漠北各族為表示對唐太宗的擁戴和尊敬，尊稱他為"天可汗"，含有"天下大可汗"的意思。

不要忘了南下的胡族曾經佔據黃河流域幾百年，隋唐兩朝的開國者都出身於北朝的漢人大族。北方胡人的政權雖然落回漢人手裡，武力還是強盛的。何況這時還有雄據北方草原的突厥，突厥被唐朝打敗後，它那驍勇的部落軍隊是唐和阿拉伯帝國的羅致對象。所有這些胡族軍隊都有一個共同點：以部落劃分，將領和士兵有父子叔侄等血緣關係，又擅長騎射，因此作戰勇敢和同心，是任何人都不能忽視的軍事力量。

唐朝招撫這些胡人軍隊，重用他們打硬仗，另一方面又有遠大眼光，努力以府兵培養自己的軍隊，所以武功強盛。不過唐朝太平安樂到了高峰時，胡人將領領頭造反。唐朝靠了府兵以及另一些胡人軍隊才平亂，而國力從此就大衰了。

◀ 彩繪騎兵泥俑

唐朝早期針對遊牧民族軍隊的特點，採取主動出擊、外線作戰的戰略和長途奔襲、攻其不備的戰術。一支精銳的輕裝騎兵，快速、機動性強，才能保證這一戰略和戰術成功，於是唐朝捨棄重裝騎兵，大力發展輕騎兵。輕騎兵披鎧甲（也有不披的），戰馬不披甲。

◀ 彩繪胡人武士俑

唐朝由始至終，蕃將都很有勢力。唐朝有名的外族將領，光以盛唐來計，就有出身突厥的哥舒翰，粟特的安祿山、史思明，高麗的高仙芝，契丹的李光弼，鐵勒的僕固懷恩。

► 彩繪貼金武官俑

唐朝重用蕃將，但同時又擔心蕃將跋扈，反過來危害國家安全，所以在起用蕃將的同時，也積極整頓府兵，以求不依賴蕃將。結果在唐太宗以後，府兵大興，培養出一批漢人將領。只是後來府兵制衰敗，募兵制盛行，蕃將又再度崛起。

▼ 塗金彩繪甲馬群

人馬俱披金甲的騎兵隊，盡顯大唐的雄風。唐朝騎兵用金銀盔甲，史書上也有記載，如公元713年，二十萬穿上金甲的騎兵在驪山集合時，金光閃閃，“耀照天地”。

▼ 三彩馴馬俑

唐朝騎兵隊中的馬匹，很多是來自西域的優良品種，然後交由國家牧場飼養和訓練。馬匹會被訓練作戰馬、驛馬、坐騎或在慶典中表演的舞馬。圖中可見訓練馬匹的情形。

富裕社會

銀拾兩

▲ **庸調銀餅**

租庸調制是唐初的重要税收和力役制度。當時交税仍然用實物，平民一般上繳粟絹等實物，由地方政府統一收集處理，其中部分徵來的實物，由地方政府或國家兑換成金銀錠作為儲備。

中國人説富強，全民的富是強的基礎。唐朝最盛時，真是富得很，杜甫懷念全盛時説，“稻米流脂粟米白，公私倉稟俱豐實”。當時，富表現在農業，所以杜甫對全國糧倉儲滿優質糧食印象深刻。

唐朝開國的制度是不限人過富，但防止人民過窮，採用的是從北朝傳下來的方法：由國家分配耕地給壯丁，使人人有田耕。當時的田税只是收成的四十分之一，另外每個壯丁為政府服力役，以及每家交一些副業產品，主要是絲和麻織品。唐朝農業發達，與這種耕者有其田的政策有關係，農民擺脱豪強大族，收成都是自己的，積極性自然提高。

前朝的開墾、新技術的出現也是促進唐朝農業發展的因素。前一階段中國南北分裂，各個政府努力開發所在地區，使唐朝得益不少。像唐朝中期之後，成為中國經濟發展火車頭的江南，就得益於南方六朝開發，到唐朝再繼續開拓。另一方面，唐朝的農具和水利設施也有大發展。水稻是最能養活人口的農作物，這時增加了插秧的工序，縮短水稻在大田中的生長期，提高了畝產量；改善了犁具，節省力氣。到處是各種水利工程，早期在北方，後期在南方。新發明各種防旱的灌溉工具，保障水稻收成，也節省了人力。

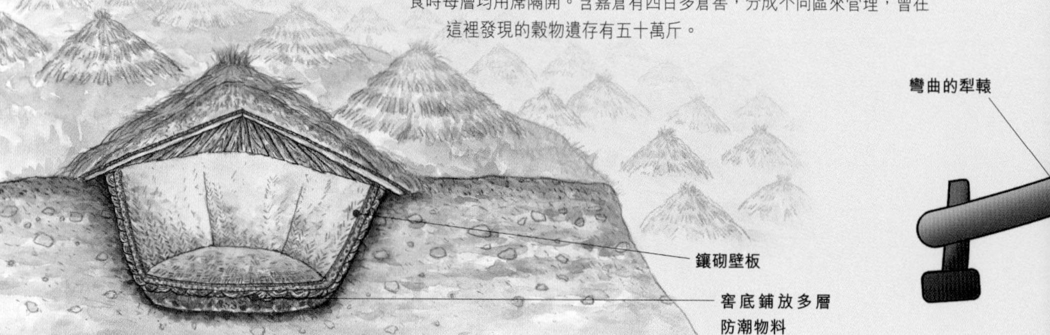

▼ **洛陽的含嘉倉窖復原圖**

沿運河兩岸建造了很多糧倉，北方的粟和南方的米，經運河源源運到，先存入倉，再經陸路運到首都，支援消費人口。這些糧倉管理嚴密。為了使儲糧長時間不變，倉窖造得很考究，口大底小，不易塌陷，內部經過細緻加工和防潮處理，窖頂密封，放置糧食時每層均用蓆隔開。含嘉倉有四百多倉窖，分成不同區來管理，曾在這裡發現的穀物遺存有五十萬斤。

◀ **雨中耕作圖**

敦煌壁畫中有不少描繪農耕生活的場景。這是一幅優美的農村風光圖，天上烏雲密佈，大雨剛下起來，農夫還在辛勤耕作。左邊農夫驅一隻牛牽犁翻土，比兩牛牽犁省了畜力。

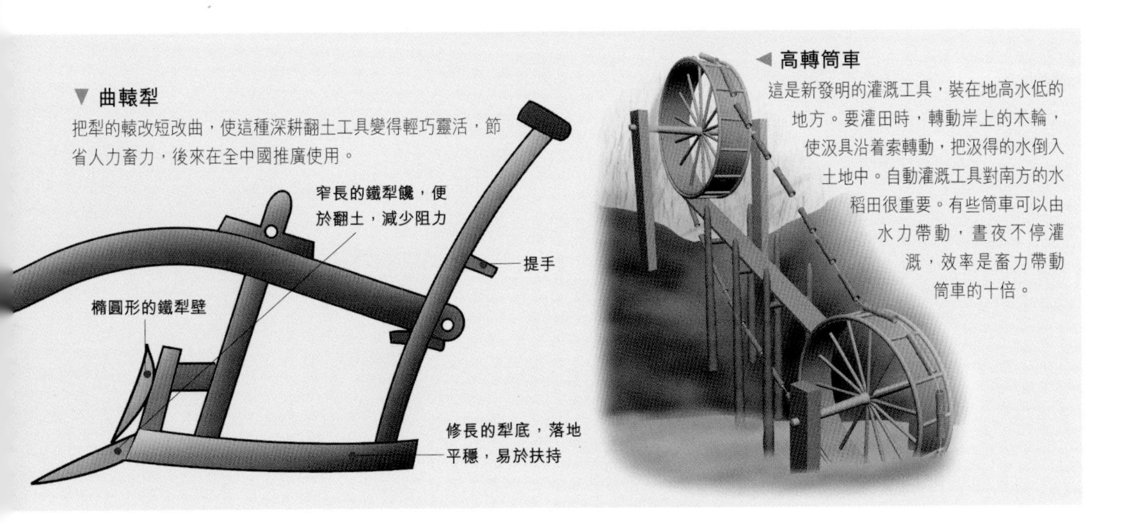

▼ **曲轅犁**

把犁的轅改短改曲，使這種深耕翻土工具變得輕巧靈活，節省人力畜力，後來在全中國推廣使用。

◀ **高轉筒車**

這是新發明的灌溉工具，裝在地高水低的地方。要灌田時，轉動岸上的木輪，使汲具沿着索轉動，把汲得的水倒入土地中。自動灌溉工具對南方的水稻田很重要。有些筒車可以由水力帶動，晝夜不停灌溉，效率是畜力帶動筒車的十倍。

千里大運河

▲ **揚州瓜州古渡口**

大運河經過揚州和長江交接，這個渡口當年是揚州的大碼頭，有名的瓜州古渡。唐朝鑒真和尚東渡日本的船隻就是由此出發的。

如果要選影響中國的大河，那麼黃河、長江之外，大約應該輪到大運河了。這條人工河道，是為了克服中國河流大都東西流，南北不易溝通而開鑿的。它也不負使命，透過運輸物產真把中國南北文化溝通起來，沿河還造就一大批商業城市，其中從唐到清長盛不衰的，是揚州。

隋朝投資開鑿的大運河，全長2700公里，到唐時發揮了大效用，把南北的食糧運到關中，保證了首都的供應，也南運各種北方的生活物資。運河闊60多米，河旁有御道，路旁種柳樹。在這條美麗的人工河道上，航行着先進的內河航船。江蘇出土的一艘內河木船已經有隔艙板，不同貨主可以按類將貨物裝入不同的船艙，方便貨物管理和裝卸，提高了效率。

沿河的城市首推揚州，它的繁華還蓋過漢以來已很發達的四川。揚州商人多，生活條件好，城市環境美麗，娛樂生活豐富，阿拉伯等國的商人也很喜歡聚居在這裡。唐詩裡，充滿了揚州的美好形象：李白的“煙花三月下揚州”；白居易的“二十四橋明月夜，玉人何處教吹簫”；杜牧的“十年一覺揚州夢，贏得青樓薄倖名”，甚至富貴得有些縻爛了。

隋唐的陸路交通建設也很好，但論突破性和深遠影響，不得不讓影響中國一千二百年的大運河大出風頭。

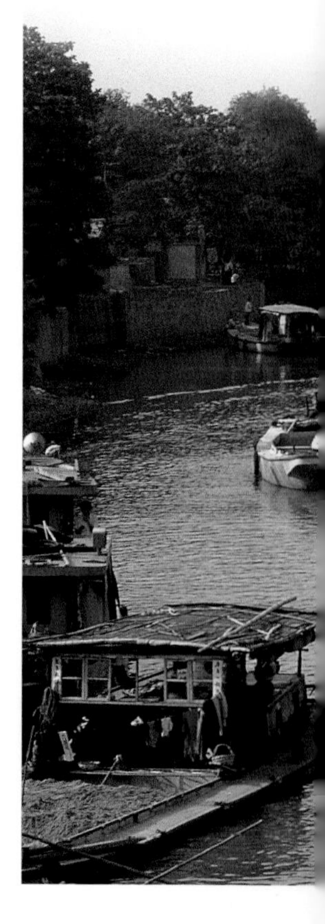

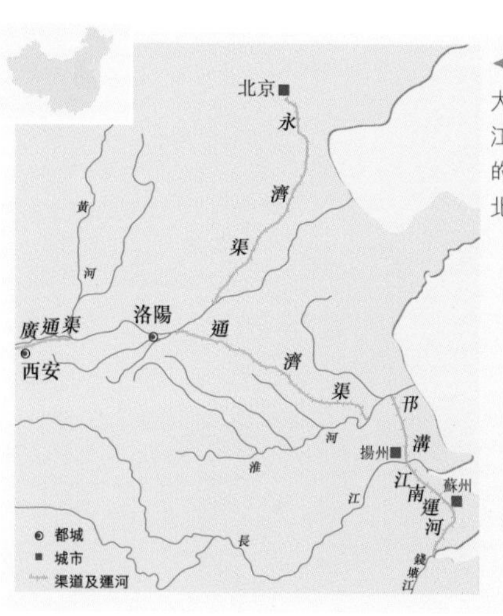

◀ **大運河位置圖**

大運河從南到北，溝通了錢塘江、長江、淮河、黃河等東西流的水系，是延續一千二百年的南北大動脈。

▶ **南糧北運的情況**

唐朝時，江南已成為重要的經濟地區，遠在北方的京師，都要依靠南方的物資供應，於是大運河就承擔起南糧北運的角色，對當時的政治和經濟起着重要作用。

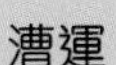

漕運

從水路運糧食供應給首都或軍需，一直是很重要的事。後來為了便利漕運，還開鑿運河。隋朝開鑿大運河，連接起幾段運河，使漕運一通到底，物資運送源源不絕。漕運雖然是政府的事，但一直有私人搭送貨物，屢禁不止，因此也是商業貿易一條重要渠道。

◀ **仍在使用的大運河**

揚州的大運河到今天仍在使用，它已造福揚州一千多年。

▼ **有水密艙的內河船**

江蘇如皋縣出土了一艘唐朝單桅運輸木船，排水量約為33～35噸，船長約18米，應是江河中行駛的快速運輸船。船的艙房之間有隔艙板，分為九個艙，是迄今所見最早的有水密艙的船。有了水密隔艙，即使個別船艙破損漏水也不會影響其他船艙，減少沉船機會。不同貨主可按類將貨裝放入不同的船艙，並可以同時裝貨或卸貨，提高了效率。

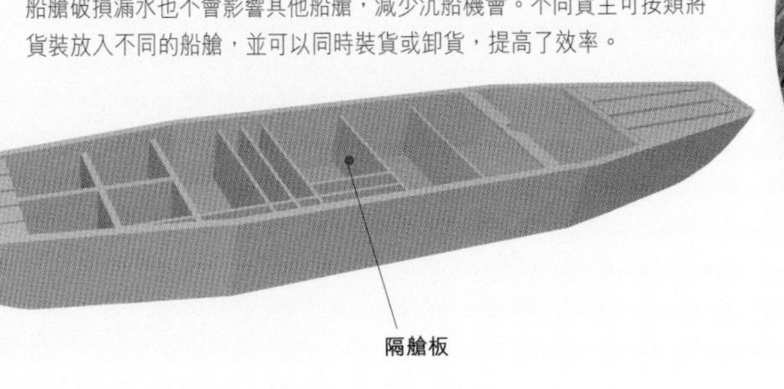

◀ **三彩雙魚瓶**

揚州既是唐朝南方最富庶的都市，它的物產也負盛名，除了銅鏡之外，揚州的陶器造型也不同北方。三彩陶器造成魚形，與北方流行的駝馬造型大異其趣。

絲綢之路的盛況

中國統一，貫通歐亞的大動脈又暢通了，絲綢之路進入最盛的時代。

絲綢生產是唐朝的主要手工業。這時的租稅還保留徵布帛這種上古制度，唐朝主要是絲麻，這是農村家家戶戶的副業。絲綢甚至有貨幣的作用，士兵到邊疆防守，還帶上絲絹作為備用錢財。

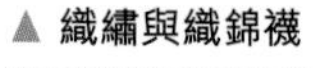

▲ **織繡與織錦襪**

隨着絲路這歐亞大動脈重新開通，中西交往又頻繁起來，這件是波斯薩珊王朝風格的織品，用刺繡與織錦合製成，上面有繡工精緻的寶相花花紋。

城市裡出現分工細、規模大的絲織作坊。絲織技術還向南方傳播。中國的絲織在工藝、染色方面始終領先，但很重視吸收外地技術和花紋。名貴的織錦吸收了波斯用緯線織花的技術，產品更細密。波斯因為文化高，影響最大，聯珠紋、禽鳥紋風行一時。

絲路的西端終點，是羅馬和波斯，它們是絲綢的大買家。這時羅馬分裂，東羅馬帝國的君士坦丁堡和唐朝的長安同是世界商業中心。至於波斯，向來和唐朝關係密切，卻在唐初時被新生的阿拉伯帝國滅掉，王子逃到中國求援。

新局勢雖然改變了歐亞政治面貌，但是絲路貿易無論對那一個國家都很重要。阿

◀ **東羅馬金幣**

由東羅馬帝國鑄造，發現於唐長安城的窖藏，反映出唐朝與東羅馬的交往。

◀ **波斯薩珊銀幣**

這是波斯王庫思老二世（Chosroes II）時期（590～627）的銀幣，正面是王像和波斯文字。當時薩珊王朝的勢力仍達敘利亞、巴勒斯坦以至埃及，經濟繁榮，貿易發達，需要銀幣的數量甚多，鑄幣地點達一百二十處之多，故他的銀幣成為薩珊銀幣中流傳到後世最多的一種。當時與隋朝來往甚密，故這類銀幣也是在中國境內發現得最多的一種薩珊王朝銀幣。

拉伯人一點不輕視做絲綢貿易中介商的利潤。波斯一直做中國和羅馬貨物的轉手貿易，自己也是物產豐富，文化興盛，這時雖然亡國，仍努力保持中介人角色。再加上中亞的粟特人既熟悉波斯，又熟悉中國，甚至可以在中國設廠生產波斯錦。因此這時絲路的商品貿易比漢朝還要興旺。

► **阿拉伯人俑**

這是往來於絲綢之路的阿拉伯商人形象，深目高鼻，絡腮鬍鬚，着厚實的皮衣，脖上套有乾糧袋，腰束皮帶，皮帶上還串帶有孔銅錢。西方的貨幣都沒有孔，這些銅錢是隋唐時期流行的貨幣。

◄ **彩繪駱駝胡人俑**

在西安隋唐墓的隨葬陶俑中，有許多深目高鼻、頭戴尖頂帽、身穿折領衣，或抱西域樂器、或牽引駝馬的胡人形象。那些風塵僕僕奔波於沙漠、山嶺和丘陵之間的阿拉伯、波斯或粟特商人，為中國和西方的商品貿易而辛勤跋涉。

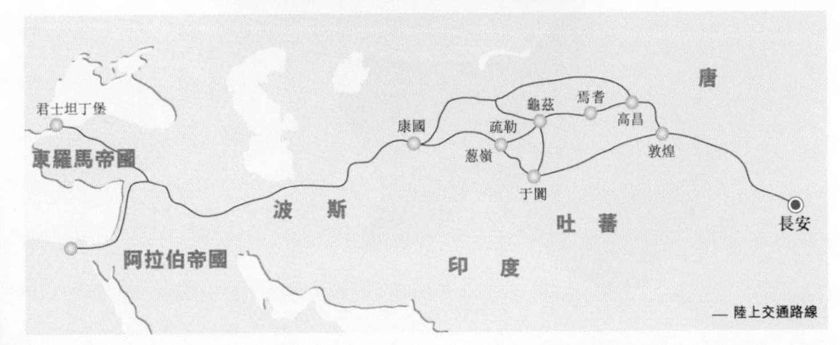

▲ **絲路沿線主要國家位置圖**

◄ **絲路西域段的佛寺遺跡**

新疆庫車亦即古龜茲的地方，東面雀爾塔格山南麓的銅廠河岸，寺院殘垣密佈，出土佛像和文書，可見當年佛教的輝煌。從位置推測，應是唐玄奘《大唐西域記》記載的離雀大寺。

◀ 羅馬人物浮雕鎏金銀瓶

絲路兩大站 —— 波斯與東羅馬

以中國為起點的絲綢之路上，波斯(即今伊朗境)是必經之地，是重要的轉運站，而羅馬帝國則是絲路交通的西端終站。中國、波斯、羅馬這三大文明就由絲路連繫起來，商品、藝術、知識源源輸進和輸出。波斯和東羅馬的產品更成為隋唐王室貴族喜愛的時尚用品。

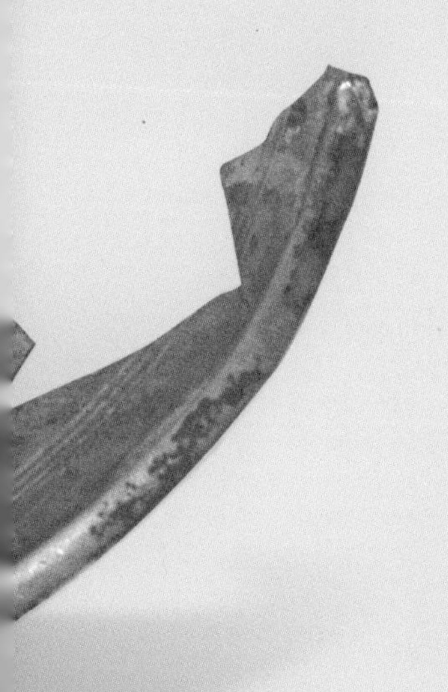

◀ 波斯武士鬥野豬銀盤

世界文明的匯合

唐朝因為國力強，交往的範圍很廣，朝鮮半島、日本、西藏高原、東北都派人員來學習。隨着絲綢之路物資交流，羅馬、阿拉伯、波斯、中亞商人來往，甚至定居，技術、生活風尚、思想也互相影響。知識分子迷上印度佛教，努力向印度取經翻譯。政府則看上印度的製糖技術，派人去學習。

從首都長安的情況來看，中國真成了世界文明的大集合。官員貴族愛用東羅馬和波斯金銀器，把瓷器都仿金銀器去造。

牽着駝馬的胡商，把千里迢迢運來的珠寶、瑪瑙拿到市集售賣，買入絲綢、漆器。人人欣賞風格混雜的舞蹈、雜技，偶然喝一下葡萄酒、吃胡麻燒餅。胡族女子經營酒肆，即興還可來一場歌舞。佛寺裡僧人講充滿印度幻想風格的佛經故事，吸引信徒。詩人聽着中國樂器結合琵琶胡琴伴唱他們的名詩，可能突

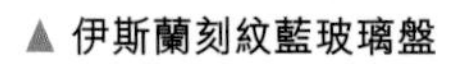

▲ **伊斯蘭刻紋藍玻璃盤**

這件在唐朝皇家寺院出土的玻璃盤，從器型紋飾及加工技術來看，產地當在伊朗。伊朗是波斯故土，被阿拉伯帝國吞併。波斯以玻璃製作著稱。刻花玻璃器屬伊斯蘭玻璃的冷加工技術，即在製成的器型上打磨、刻劃紋飾，再在打磨的紋飾上描金。

東羅馬帝國使者

► **禮賓圖**

唐朝作為泱泱大國，很多國家都希望與它建立外交，故使節來訪不絕如縷。當時設立了專門負責接待外賓和少數民族使節的機構 —— 鴻臚寺、典客署等。這幅禮賓圖中，三位帶籠冠持笏板的唐朝外交官員正接待三位外國使節。

◄ **鳳頭人面壺**

這個壺外形奇特，人物頭髮中間分界，梳三節髮辮，長鼻、小口，有印度人的特徵。

◄ **獸首瑪瑙角杯**

這是東羅馬傳入唐朝的著名商品，稱為角杯，是盛水的。角杯是東羅馬貴族使用的典型器皿，多用金銀、象牙、瑪瑙等製作，器型模仿羊頭或牛頭。角杯傳入後，深受皇室貴族喜愛，成為一股新時尚，爭相仿製，出現了三彩角杯、象首杯等多種形式。但角杯大，造型奇異，不合中國人的飲食習慣，實用品很少，只作陳設觀賞。這件用瑪瑙製成牛頭形，質料珍貴，極易碎，也應是貴族炫耀的觀賞品。

然想出一首既有佛家又有道家空靈意趣的好作品，甚至心雄起來，到邊塞去參軍體會那壯闊的景色。

長安之外，西域一東一西的高昌和龜茲，當時受唐管轄，也做了很多文化中介的工作。這兩個絲綢之路的重鎮，高昌更近中原風，龜茲更近中亞風，都使經過的世界強國文化，先作了一番融和，又加上本地的色彩，才再轉給絲路的兩極。唐朝的造紙、絲織、繪畫，甚至道家思想也向西域發展。

循海路而來的貿易出現後，以航海聞名的阿拉伯商人帶着伊斯蘭教信仰，聚居在南方。

在唐朝出現的各族各地密切交往，已突破政治，深入到經濟、文化、生活，以至思想裡面。

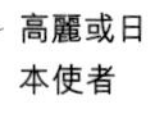

► **昭陵十四國酋長像**

昭陵是唐太宗李世民的陵墓，祭壇上雕了十四個石像，代表當時突厥、薛延陀、吐蕃、新羅、吐谷渾、龜茲、于闐、焉耆、高昌、林邑、婆羅門等部族和國家，是唐初與各民族往來的縮影。現僅存七個，均已殘破，這是保存較完整的一個。

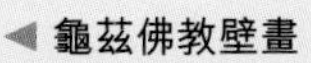

鑑茲即現在的新疆庫車一帶，盛行佛教，是佛教東漸的關鍵點。這裡有很多佛寺及石窟的遺存，克孜爾石窟是其中規模最大的，圖中是一幅神話故事壁畫的人物，有印度風格。

► **亥神俑**

以十二種動物代表十二年，叫作生肖曆。中國現在仍有十二生肖紀年的風俗。亥是十二地支最後一項，所配的動物是豬。十二生肖起自哪個民族還未清楚，突厥、回鶻、蒙古都有用，有人認為出自遊牧民族，也有很多人懷疑，因為十二種動物裡面，很多不是突厥等遊牧民族常有的動物，像豬、雞、龍等。

各種宗教的傳入

從印度到西亞，是世界最大的宗教思想發源地。印度的婆羅門教演變出佛教，波斯則有古老的拜火教、摩尼教，西亞的猶太教衍生出基督教，基督教又啟發了穆罕默德創立伊斯蘭教。

印度北部、中亞到西亞，雖然山區沙漠錯落，道路不算好走，比起喜瑪拉雅山脈和中國西北的大沙漠，卻可說是條通途，東西奔馳，來往很密，重要的宗教思想常常互相滲透影響。而唐朝時，這些宗教又都隨着信仰者東來，統統傳入中國。

拜火教是波斯和中亞粟特人的信仰，不向外傳教。長安有很多波斯居民，從長安沿絲路到西北，有拜火教寺院或祭壇，唐朝有專門部門負責每年的重要祭祀。粟特商人來做生意，有些早就落戶，自成聚落，拜火教是粟特商人和聚落的凝聚力。

▲ **密教石造像**

中國的密宗正式建立於唐朝，僧人善無畏從中印度經西域將經卷帶到長安。這個石像反映出印度藝術風格的影響。

基督教藉着羅馬的國力，在羅馬佔領的西亞地中海岸，也很有勢力。唐朝時，一支名為景教的基督教傳入。景教由羅馬帝國敘利亞教士提倡，由於主張耶穌除了神性，還有人性，不容於羅馬教會。當時與羅馬爭雄的波斯王加以庇護，並且東傳入中國。景教重視傳教，在上層社會還相當興旺。

◄ **拜火教的人身鷹足祭司**

拜火教即祆教，以火為善神的代表，約於北魏時傳入中國，在隋唐時期的中亞地區極盛。絲路貿易的暢旺，使很多中亞地區的商旅如粟特人進入中國定居，他們仍保持其宗教信仰和禮儀。這幅拜火教石刻祭祀圖中的人身鷹足祭司正在主持祭祀儀式，外貌是典型的粟特人形象。右下角跪在金銀器前面的是供養人。

人身鷹足祭司

► **銀盒上的印度佛節巡行圖**

這個精美的鎏金刻花銀盒上的馴象圖，與印度佛教節日的佛像巡行活動相似。佛像巡行既是佛教節日的慶典，又結合了象戲表演，流行於印度各地。

初興的伊斯蘭教隨着阿拉伯商人東來，在南方阿拉伯商人聚居的地方有寺院。沿絲綢之路，則隨着阿拉伯帝國的聖戰，逐漸使波斯和中亞歸化，並且延伸到西域，與佛教衝突。

佛教雖然傳入中國已幾百年，但印度還不斷有新的佛教思潮產生。佛教傳到中亞、西域，這些地方的新信仰者對佛教新思想也有貢獻。唐朝時未來佛彌勒大受歡迎，甚至成為下層民眾聚眾起事的思想根源，一千年之後還在影響白蓮教。彌勒信仰在中亞興盛，祂的未來救世者角色很像基督教的彌賽亞。佛教密宗思想也是在唐朝傳入的。

敘利亞文和中文對照的景教僧人名字

▲ **大秦景教流行中國碑拓片**

這個碑證明了基督教早在唐朝已有支派到中國傳教。碑的兩側上部還刻了敘利亞文，記下了七十個景教僧人名字。大秦是中國對羅馬的稱呼。

◀ **景教壁畫聖枝節圖**

高昌寺院遺址中發現的景教壁畫，表現基督教“聖枝節”歡迎基督進入耶路撒冷城的場面。身形高大的牧師，着長袍，拿聖水杯，左手作指點狀，其餘三人拿棕樹枝，恭敬地聽牧師講道。

▼ **泉州伊斯蘭聖墓**

公元7世紀初，穆罕默德遣門徒四人來華，分別在廣州、揚州、泉州傳教，他們死後葬在泉州。這是其中兩座聖墓，是伊斯蘭教在中國傳播的證明。

並列的兩座花崗岩墓

► **西安伊斯蘭教禮拜寺**

這座省心樓是西安大清真寺的其中一部分，是召喚教徒到大殿做禮拜的地方。大清真寺總面積共12000平方米，是最著名的伊斯蘭禮拜寺。

絲路上的中亞商業民族

自從絲路開通，商人就在中西貿易上大展身手，其中尤其出色的是中亞的粟特人。當時中國人把他們叫做昭武九姓，因為粟特是中亞狹長沙漠綠洲的幾個城邦國家。

他們的故鄉，約在今天的烏茲別克，這裡位當中國、印度、波斯、東羅馬幾大文明交流的必經之路，也是各大強國軍事衝突的災區。因此雖然部分粟特人很會打仗，卻只能是誰強大就依附誰。突厥興起，他們臣屬突厥；唐朝強大，他們就成為唐的屬國。後來阿拉伯興起，逐漸入侵到中亞，粟特人屢次以進貢為名，向唐朝求救。唐將高仙芝敗於阿拉伯，粟特便臣屬於阿拉伯。

粟特人無法左右政治，於是把精力放在經商上，他們會多種語言，孩子很小便教他經商之道。他們把織造成波斯、東羅馬人喜愛的圖案的中國絲綢西運，把玻璃器、金銀器、各種珍禽異獸運入中國。粟特人有很高的藝術天份，擅長彈琵琶、唱歌、跳胡騰和胡旋舞，他們有一位叫曹仲達的北朝畫家，把犍陀羅風格的衣紋繪畫法傳入中國，被稱為曹衣出水，在中國繪畫史上很有名。

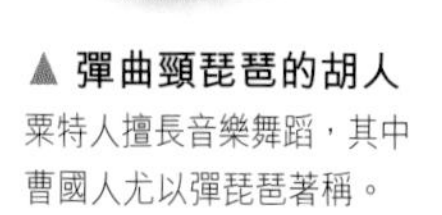

▲ **彈曲頸琵琶的胡人**
粟特人擅長音樂舞蹈，其中曹國人尤以彈琵琶著稱。

粟特人信仰源於波斯的拜火教。他們大批來中國通商，有些落籍，長住在中國，用漢字、改漢姓、通婚於中國，但仍然保持拜火教信仰和生活習俗。

◀ **敦煌壁畫的胡旋舞**
粟特女子擅跳胡旋舞，以快速輕盈的旋轉風靡唐朝人。唐朝不論等級，都愛跳舞，楊貴妃就是胡旋舞的好手。

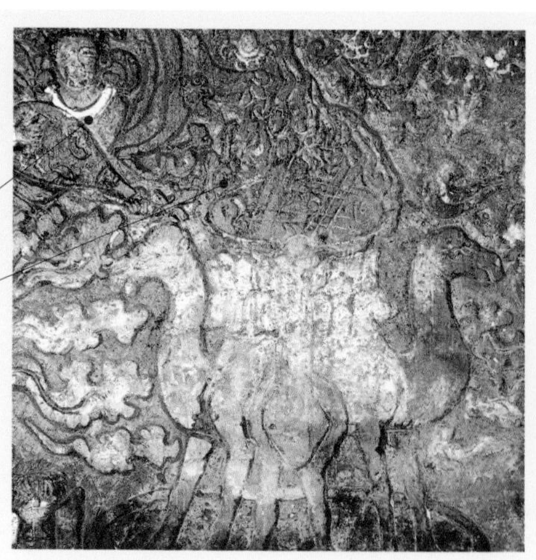

► **聖火**
這是隆重的拜火儀式，聖火由三隻駱駝背馱。這幅石刻出土在陝西一個入籍中國的安國人墓中。

◀ **粟特鹿紋銀盤**

粟特金銀器中，以鹿紋為主題的最多見。原本樹杈形狀的鹿角，演變為扇形，是粟特特有的風格。

► **粟特俑**

唐朝留下很多胡人俑，這個俑很可能是粟特人的形象。

▼ **粟特三角形織錦邊飾**

由三角幾何圖案構成的紋飾主題，是粟特特有的風格。織錦中的粟特錦獨具異域風格，且數量較多，應是由粟特商人傳入中國的。

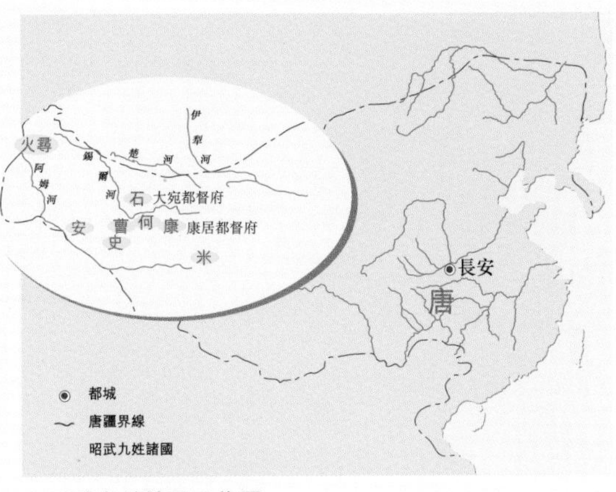

▲ **昭武九姓諸國分佈圖**

青藏高原上的吐蕃

▲ **唐卡上的藏式房屋**

西藏多山，建於山上的房屋稱碉房，特點是外形成階梯型，一般高兩至三層，通常是成組成群地建。

當中國由分裂復原為統一的隋唐帝國時，青藏高原上也興起吐蕃王朝，西藏一改鬆散的部落狀態。松贊干布統一各個部族，定都拉薩，是吐蕃王朝最強盛有為的君主。

松贊干布稱王只比天可汗唐太宗登皇帝位晚一點，他採取很多措施使吐蕃逐漸似一個國家，例如委任官員、制訂法律、創製藏文、改進地方組織。吐蕃所處的高原，交通阻隔，文化上受中原和印度的影響，而唐朝國力盛，松贊干布明白，要令吐蕃強大，要輸入很多中原的技術，因此他多次向唐太宗請求通婚，唐朝終於答應把文成公主嫁到吐蕃。文成公主把漢族的耕作、造紙、製墨、紡織技術帶入西藏，又帶去佛像和中原的禮儀樂舞制度。對吐蕃的發展起了很大作用。

吐蕃強大後，向北向南挑戰唐朝，向北滅了依附唐朝的吐谷渾，還佔領了河西走廊，包括敦煌；向南征服唐朝扶植的南詔。唐和吐蕃因此

► **文成公主**

一直以來通婚是中原王朝和外族聯絡的方法。文成公主嫁入西藏在當時是一件東亞國際的大事，令勢力強大的突厥人既妒又惱，因為唐朝不肯和突厥通婚，卻把公主嫁給勢力小得多的吐蕃。

◄ **步輦圖的祿東贊**

中間穿窄袖錦袍的祿東贊是吐蕃的大臣，松贊干布派他向唐朝請婚，結果唐太宗應允。

► **拉薩小昭寺**

這是文成公主入藏後親自督建的寺院，設計和施工的工匠都是由入藏的漢人負責，建築講究左右對稱佈局，是漢族特色。現在這裡是西藏佛教的一所密宗經學院。

多次交戰，但也經常和談，而文成公主之後，又有金城公主嫁到吐蕃，中原文化第二次大規模傳入。吐蕃和南亞相接，也受南亞的影響。藏語和漢語屬同一語系，但藏文卻受梵文影響，採用拼音方法；文成公主傳入佛教，松贊干布娶的尼泊爾公主也帶來佛像。吐蕃佔領河西走廊時，也受當地興旺的絲路文化影響。最近在青海發現的吐谷渾墓，顯示吐谷渾被滅後，保留原來的社會組織，墓裡又發現流行於唐朝的波斯紋樣絲織品。由吐谷渾的例子，可知部落在吐蕃裡仍然有勢力。因此吐蕃衰落後，西藏高原又分裂成許多小國。

◀ 松贊干布

◀ **唐卡中的佛像**

唐卡是藏傳佛教中一種卷軸畫。這幅唐卡表現了松贊干布時期唐朝與吐蕃交往的重要歷史，這是其中一個畫面，左面應是描繪文成公主和尼泊爾尺尊公主（松贊干布的另一位皇后）帶入西藏的兩尊佛像。

正在興建佛寺

► **唐卡中的牛拉犁**

文成公主嫁到吐蕃後，中原的耕作技術及農具傳入，促進了西藏的農業發展。吐蕃的農耕技術本來比較原始，不講究平整土地，田地沒有阡陌，水土容易流失，自吐蕃人民學會了挖畦溝，又有先進的農具協助耕作，提高了西藏的農產量。圖中以牛拉犁就是中原的耕作方式。

藏民到布達拉宮山腳轉經筒

西　藏　布　達　拉　宮

始建於公元 7 世紀的布達拉宮，是松贊干布為文成公主建造的。“布達拉”是梵語的音譯，指觀世音菩薩所居之島。這座宮堡式建築群，佔地 41 萬平方米，一直是西藏的佛教活動中心，中央的紅宮，用於宗教事務；兩翼的白宮，是達賴喇嘛政治活動和起居的場所。這座匯萃藏族藝術精華的古建築，現已是西藏的標誌了。

▼ 布達拉宮全景

東亞文化的形成

▲ **高麗送供使**

敦煌壁畫中描繪來自朝鮮的高麗朝聖隊伍，往文殊菩薩道場勝地五台山進香供奉。

中國的文明發展早，一直是東亞文明的中心，秦漢形成統一的帝國以來，文明和制度不斷向四周傳播。唐朝的鼎盛，使來中國求學、生活的外族特別多，文化傳播的規模和範圍比秦漢大，日本的學者認為，唐朝時東亞文化體系成熟，給東方世界重要而深刻的影響。

這個文化體系內各國的表現包括：模仿唐朝的政治和法律制度，接受儒教和中國化的佛教在境內傳播，未有自己文字的，甚至直接使用漢字。這個文化體系的範圍東到朝鮮半島、日本，西到中亞，北到位於東北的渤海國，南到越南北部。各地接受的內容和影響程度不盡相同，其中渤海國、朝鮮半島的新羅和日本最明顯。

渤海國既是唐的屬國，又受唐朝封的地方官職，和唐朝既是宗主和藩屬關係，又是中央和地方政府關係，受唐朝文化影響特別深。渤海國和日本、新羅交往密切，因此成了向這兩國傳播唐朝文化的橋

► **日本正倉院藏螺鈿紫檀五弦琵琶**

正倉院位於日本奈良的東大寺，裡面收藏了公元8世紀在位的聖武天皇的很多珍寶。當時正是日本大量吸收唐文化的時期，現今存留的二百多件寶物中，有很多由中國輸入，如琵琶和鏡，有些則是日本仿唐製作，如三彩陶器等。

樑。在渤海國的北方又有很多仍處在部落組織的民族，像契丹，它們也是透過渤海國接觸唐文化的。唐亡的同一年，契丹建國，就是雄霸北方的遼。從遼朝的壁畫和器物，可以看見很深刻的唐朝影子。

朝鮮半島上原有三個國家，統一為新羅。新羅的人才不但到唐朝學習，還參加唐朝的科舉考試。新羅的政治制度仿唐，既設科舉考試，也設國學教儒家經典。用唐的曆法、年號，穿唐服，讀漢文，宮廷音樂裡有唐樂。唐的製瓷、印刷、天文學、醫藥學也傳入新羅。

日本受唐朝的影響很深，主動派學生和僧人冒生命危險渡海到中國學習。日本的大化革新運動，以唐朝制度為模仿對象。日本當時的首都京都和奈良，活脫脫就是唐朝首都長安的小號複製品，連主要宮殿、城門和街道名稱也沿用。

朝鮮半島和日本都盛行中國化了的佛教，並且自己開宗立派。

◀ 渤海三彩熏爐

渤海人從中原學會了唐三彩的燒造技術，燒造了渤海三彩。渤海很多陶瓷產品帶有鮮明的唐朝風格。

► 具唐朝風格的契丹器物

遼的前身契丹，原居於渤海國的北方，他們透過渤海國接觸唐文化，即使建國後的製品，也明顯帶有唐朝的風格。這個銀壺就是契丹早期模仿唐朝金銀器的代表作。

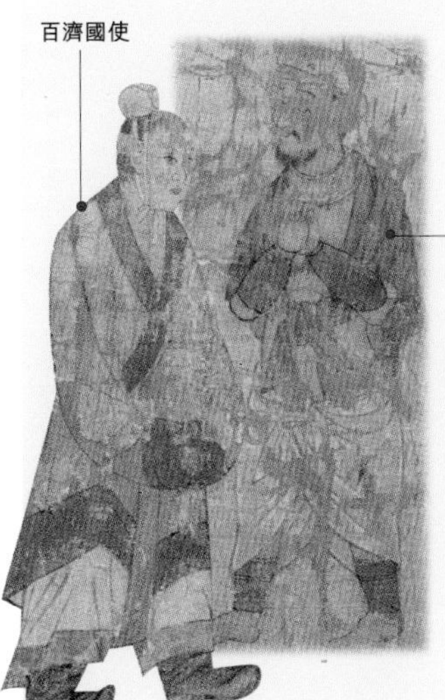

◀《職貢圖》的百濟國使及日本國使

朝鮮半島上的三國，在唐朝以前已與中國互有往還。這張百濟國使的畫像，是一幅長卷畫的局部，由魏晉南北朝一個南朝國家的王子所繪。原畫有多個來訪使節的服飾形象，及用文字交代兩國來往的事跡。

▲ 日本正倉院藏密陀彩繪箱

日本的佛教是由中國傳入的。聖武天皇執政的二十年間，更大力弘佛。這個藏於正倉院的黑漆彩繪箱，用來盛放獻給大佛的丁香、青木香。而"密陀"是一種黃色的礦物顏彩，用以在箱上繪出佛教的吉祥紋飾。

▼ 唐文化擴散範圍

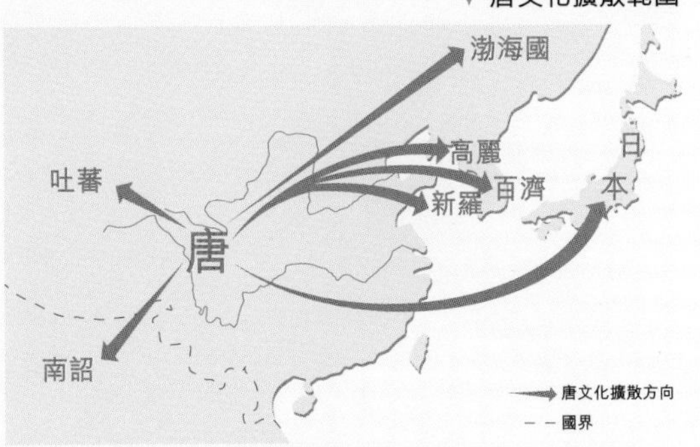

開放的社會風氣

唐朝是中國一個很開放的時代。從分裂混亂裡統一，回復一個統一又興盛的國家，這個國家又推行很多稱得上世界先進的制度，人民自然安居樂業，充滿自信。這時的人民經過近四百年的種族混合，所謂漢族，已混有南北各地少數民族的血液，生氣勃勃，很有活力。加上國力興旺，外地人來得多，彼此交往多，見識廣，整個社會有一種蓬勃向上的精神。

▲ 騎馬的貴婦和小女孩

在唐朝的開放風氣下，婦女在社會上非常活躍。這幅春遊圖中可見幾位貴婦盛裝騎馬春遊，其中一位隨隊出發的小女孩，可能從小便學會騎馬了。

在國民精神上，文明禮貌和奮發勇敢同時兼有。大家都知道唐人愛寫詩，大官員可以是大詩人，一般民眾也可以即興創作幾句，這是文質彬彬的一面，但是也有很多詩人嚮往到北方和西方邊塞體驗生活，所以有雄渾的邊塞詩。為了追求知識和哲理，僧人冒着千辛萬苦到印度或西域學習佛法，最著名的是唐玄奘的故事。

► 打馬球俑

馬球是從波斯傳入的球類活動，在貴族中十分流行。唐朝貴族的體育活動廣泛多樣，而尤其受胡人及草原民族尚武之風影響。

► 敦煌壁畫的勾欄百戲

百戲即雜技、馬戲的總稱，是在宮廷、民間和軍中均受歡迎的娛樂節目。唐朝的雜技繼漢之後，第二次大量吸收西域各族的技巧，無論種類、技藝均有創新。民間娛樂活動豐富，社會上一片歌舞昇平景象。

❶ 表演上杆的小孩

❷ 説唱人

❸ 藝人彈奏的是由粟特人傳入的曲頸琵琶

唐朝的婦女很自由，並不從屬於男人，她們有單獨的社交活動，自由結社，也不怕和男性接觸。一時穿着裙子騎馬出行，一時打扮得花姿招展，一時女扮男裝，下棋、出遊、打球、狩獵都可以參加。唐朝婦女婚嫁也很自由，不怕離婚或再嫁，還敢自己選對象。

中國唯一的女皇帝

中國皇朝沒有女性繼承皇位的習慣。唐朝卻出現了一位不甘心只做皇后的女性 —— 武則天。她登位稱帝，是中國歷史上唯一的女皇帝。這特例恐怕和唐朝的社會風氣有很大關係。北方胡族的女性有很高的社會地位，唐朝是漢胡風俗結合的社會，對想做皇帝的武則天，比較有利。

◀ **彩繪狩獵騎馬俑**

唐朝社會充滿進取精神，漢晉時代貴族百姓的娛樂活動主要以健身養生為主，唐朝人卻以刺激的競技活動為時尚，狩獵、出遊、打馬球等都是當時流行的遊樂活動，充分表現出唐朝人奔放開朗的個性。女子也一樣參加。

◀ **弈棋圖**

下棋是唐朝貴族婦女的娛樂活動。圖中貴婦束高髻，簪花耀頂，眉作倒八字暈飾，面色紅潤，穿緋地藍花襖，白紗披肩，着綠花羅裙，應是六品官員的妻子。

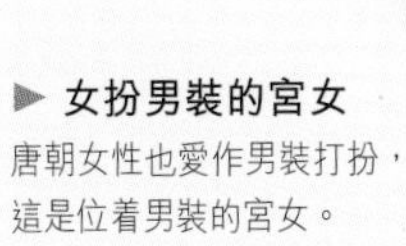

▶ **女扮男裝的宮女**

唐朝女性也愛作男裝打扮，這是位着男裝的宮女。

能歌善舞的時代

▲ **戴孔雀帽女樂俑**

表演藝人不單奏樂要出色，打扮也要別出心裁，這女樂人戴一頂孔雀帽。

大部分民族本來都能歌善舞，越文明開化好像就越不敢歌舞了。漢族由愛歌舞變成愛看人表演歌舞，在漢朝已經有跡象。北方胡族給漢族的巨大衝擊，不單在軍事上，還在歌舞上。

他們無論上上下下，男男女女，都愛歌舞，連被俘虜的胡族荒唐皇帝看見別人跳舞，也可以忘情加入。

北方民族衝擊下，政治四分五裂。漢朝的正統音樂流落到西邊的河西走廊、南邊的長江中下游，與當地的音樂舞蹈結合，生出新的樂種；加上北方雄渾的胡樂、西方細膩的胡樂，使唐以前早已進入東南西北樂舞大交流的高峰。唐朝繼承這筆財富，而對外交流更暢通無阻，新的樂舞湧入，各國各地的各種樂舞營養兼收並蓄，使唐朝的音樂舞蹈水平很高。

唐朝是個胡風瀰漫的時代，這時的胡除了北方的，還有西方的，尤其是兩個扼守文明通路的地方：中亞和龜茲。

◀ **胡騰舞玉帶**

中亞的騰跳舞蹈，使唐人看得花了眼。這種發揮男舞蹈員跳轉優勢的舞蹈，舞步急促，不時加入高躍、空轉的難度動作，很受歡迎。中亞來的舞蹈員穿上窄袖衫和靴子表演，唐朝大愛胡風的人民也可能即興大跳一番。

► **白陶舞馬**

馬是隋唐時的儀仗中不可少的，這馬揚頸低頭，抬起右前蹄，似乎在跟隨樂曲跳舞，或是在儀仗隊中壓住節奏。

中亞的粟特人政治上依附唐朝，但他們彈琵琶、唱歌、跳舞首屈一指，他們的胡騰和胡旋舞風靡唐朝。今天被視為中國樂器的琵琶，其實是胡樂。邊塞詩人聽着的“胡琴琵琶與羌笛”，沒有一件是商周秦漢以來的傳統樂器。龜茲（今新疆庫車）這個文化大熔爐的樂舞，早已影響到河西走廊，這時變成唐朝統治西域的中心，繼續它融合波斯、印度、中亞文化的特長。粟特和龜茲音樂都被編入唐朝的宮廷正統音樂裡。

宮廷音樂機構規模龐大，樂工數萬人，有專門教練宮廷音樂創作人員的機構，是音樂人才薈萃之處，也是音樂活動的中心。宴樂是國宴時欣賞的音樂舞蹈，集中了當時樂舞的精華，主題雖然是歌功頌德，但吸收了很多外來音樂，藝術性強，保持了各地樂舞的生命力，加上幾個嗜好音樂的皇帝提倡，成就睥睨各代。

◀ **漢白玉浮雕的奏樂圖**

這個用高級石材雕造的音樂圖像，可以看到達官貴人家中蓄養樂伎，演奏音樂的情況。

◀ **敦煌壁畫中的四人合舞圖**

四個女舞者踩小圓氈，左面兩個穿着類似軍裝的舞服，一手向上伸、一手向下像提衣襟狀，給人英武之感；右面一對跳起中亞有名的胡旋舞，兩人是從相反方向對稱旋轉，千迴百轉，巾帶飄揚，裙裾扭動。

佛教的狂熱

▲ 往生西方極樂世界

往生西方淨土是唐朝人的大夢想。根據佛經，往生時是變成小孩子，從蓮花中化生的。西方淨土即是阿彌陀佛的淨土，在西邊。由於阿彌陀佛的信仰這麼興盛，到今天，"阿彌陀佛" 還是中國人常掛嘴邊的一句話。

佛教傳入中國，到唐朝，信仰達到狂熱。上層王族和文人迷戀，一般人民也極之深信。

怎麼見出狂熱的程度？幾個皇帝多次從京郊的皇家寺院迎佛骨到宮中侍奉，萬人空巷夾道相迎，花了很多錢。把大文豪韓愈氣得對皇帝大講迷戀佛教怎樣有害，結果被貶官。迎佛骨的花費還是偶然的，平常對寺院的奉獻卻是經常的。皇家寺院法門寺出土的，有名噪一時的秘色瓷、不易得到的進口玻璃器、金銀茶具整套、香爐多個，還有各種金線繡品，都是皇帝皇后供獻的。皇族貴人還經常把住宅捐出做寺院，僧尼又免交稅和服力役。還有現存的龍門和敦煌石窟，在唐朝時開鑿的，既多又大，裝飾得很美麗。

當時信仰的方向，已從佛教初傳到中國時講苦修、犧牲以及觀音菩薩救苦救難，轉向講西方極樂世界，而且依靠唸阿彌陀佛的名字就可以化生到那裡。

► 鎏金捧真身菩薩

唐朝高僧在唐懿宗三十九歲生日時為供養佛祖而造，高 38.5 厘米。

▼ 為捧真身菩薩像特製的絲織上衣

這件仿唐朝仕女短袖上衣的微型衣物，是為捧真身菩薩而特製的，供奉在法門寺內。在出土時，衣服的花蕊刺繡還釘了珍珠，充分看到唐朝金繡絲織物的精細手工。

▲ 敦煌石窟剃度圖

兩個剃度師為許多貴介人士剃度，地上放了洗臉盆和淨水瓶。

不光一般民眾這樣，很多知識分子也很嚮往，有些還自己建個墳墓，坐床唸經，等佛來接引他到西天。

詩人的詩文裡迴蕩着佛教式的意境，畫家雕塑家費盡氣力營造出瑰麗的佛教世界和神祇，佛教對唐朝的文學和藝術，都有很大影響。

► **大盧舍那佛**
東都洛陽的龍門石窟，唐朝時大加開鑿。這是龍門石窟最有名的大佛，是唐朝皇后及唯一女皇帝以化妝品錢來贊助修建的。大佛倚山端坐，面相豐滿圓潤，眉彎如月，帶笑意。神態莊嚴而有睿智。

▼ **雙鳳銜瑞草紋五足香爐及爐台**

► **供案上的六足香爐**
香爐放在佛前面的供案上，作熏香之用。五足香爐和爐台由唐朝皇帝供養給皇家寺院法門寺。而在敦煌壁畫上常常見到實際使用的情況，在這幅壁畫中的香爐有六足，比較罕見。

◀ 敦煌壁畫中的玄奘和孫悟

歷險求法的玄奘

唐玄奘西行求經，是唐朝的著名故事。他偷渡出境，經過火焰山、流沙河和荒漠才到印度，苦學十多年回國，並帶回佛經原著六百多部。在皇帝支持下，他專心譯經，並創立了唯識宗。玄奘的求學歷險記，後來被神話化，給他添了猴子徒弟和坐騎，成為中國四大小說之一 —— 《西遊記》。

▲ 玄奘歸葬處 —— 西安興教寺舍利塔

從實用解放的藝術

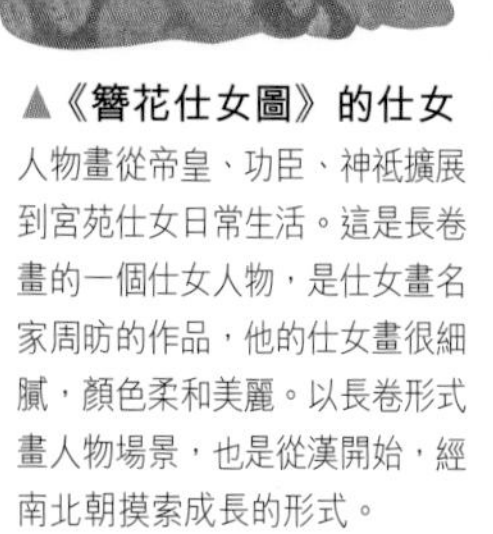

當藝術不再只是為了裝飾和實用，藝術家就有一個大開展的空間。唐朝在這轉變過程中，有承上啟下的作用。而且名藝術家多如繁星，各種題材繪畫都有發展。所以唐朝在中國藝術發展上很重要。

唐朝人才輩出，一方面是承接了南北朝的發展，而又進入大一統時代，南北各地名畫家加上西域名家都聚在首都長安，畫風交流更頻繁直接。在繪畫題材上，仍然以人物畫為主，尤其是前期，功臣或朝廷大事以及宗教神祇，仍然是主要內容，但是山水畫已經有獨立的傾向，不再是人物為主，山水做背景配襯。由名詩人王維發展的水墨山水更以純水墨畫法，在金碧輝煌的山水畫風中獨立一派，是後來文人畫水墨山水畫的先行者。山水畫之外，後來中國畫的另一重要品類——花鳥畫，也有發展。然而後世集中畫花鳥，唐朝前期始終有雄風，愛畫牛馬。

▲《簪花仕女圖》的仕女
人物畫從帝皇、功臣、神祇擴展到宮苑仕女日常生活。這是長卷畫的一個仕女人物，是仕女畫名家周昉的作品，他的仕女畫很細膩，顏色柔和美麗。以長卷形式畫人物場景，也是從漢開始，經南北朝摸索成長的形式。

佛教藝術本身，以及它對中國藝術的影響，在唐朝始終不能忽視。早期的畫家大部分同時是宗教畫家。宗教需要熱情，它本身就扭合了許多名家的精神和精華，然後又以粉本的形式，傳給各地的畫師臨摹繪畫，提高了各地的繪畫水平。佛教在唐朝向世俗化發展，佛教畫也加入世俗因素，很多神祇人物活現了現實生活人物，佛經故事畫又畫很多生活風俗畫面。

由於這些獨立化、世俗化的發展，於是中唐開始，繪畫藝術逐漸脫離宗教、教化、實用，有自由發展的趨向，唐朝衰落，藝術的獨立自由還進一步發展，到宋朝，開啟了中國繪畫的新時代。

►《五牛圖》的黃牛和荊棘
《五牛圖》是中唐的真跡。這幅農村題材的風俗畫，畫家韓滉卻是宰相的兒子。全幅畫唯一的背景是叢荊棘，重點都放在牛上。牛身按凹凸作暈染，很有立體感。但最精彩的是牛的神情，牛眼睛有神而且富感情，這一頭邁步舐舌。牛的倔強而溫順，活現紙上，把歷代看畫的人都迷住了。

◄ 菩薩
佛、菩薩是佛教畫的主角，畫家花大精力去畫。這個初唐菩薩畫在敦煌石窟一個門洞上面，不大，但神情的閒靜，拿蓮花、提瓢帶的優雅，令人印象深刻。臉圓如月，卻不顯胖，有唐朝女性的時代美。

唐朝的書法也是個承前啟後，而又有大成就的角色，很講究嚴謹法度，尤其楷書發展成熟。唐朝的名書法家也很多。這時書法和繪畫還未合流，名書法家和名畫家不是同一批人。

▼ **展子虔的《遊春圖》**

魏晉南北朝時，人物還是繪畫的主角，山水只是陪襯，人大於山。隋唐開始山水畫成為單獨一科，這是隋朝的山水畫，也是現存最早的可稱以山水為主的畫作，可視為山水畫獨立的實例。這幅畫中的山水人物透視和比例合理，山、樹木、水紋、雲氣營造出空間感。筆法還有點拙樸，沒有在微處畫得很仔細，是初創而未變精巧的早期山水畫名作。

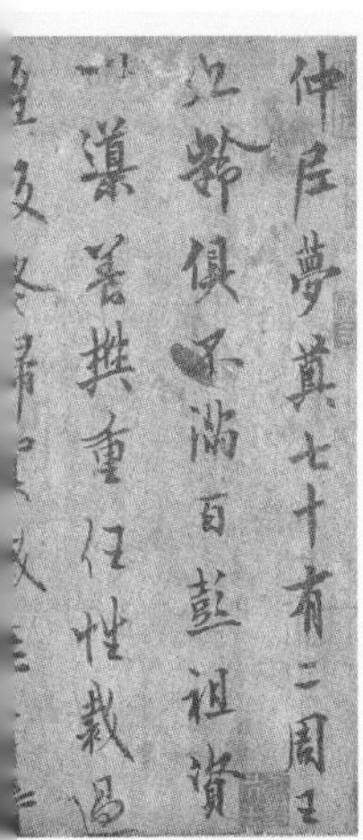

◀ **歐陽詢的《夢奠帖卷》**

唐朝從皇帝到民間都喜歡書法，國立學校設有書法科，由著名書法大師歐陽詢、虞世南執教。歐陽詢的書法還成為後來科舉考生的標準字體。

► **張旭的草書**

張旭與懷素同是以草書著名的唐朝書法家，二人大膽變革創新，把草書推向藝術的頂峰。這幅是張旭的草書作品，筆走龍蛇，字體連綿迴繞，氣勢自然流露。

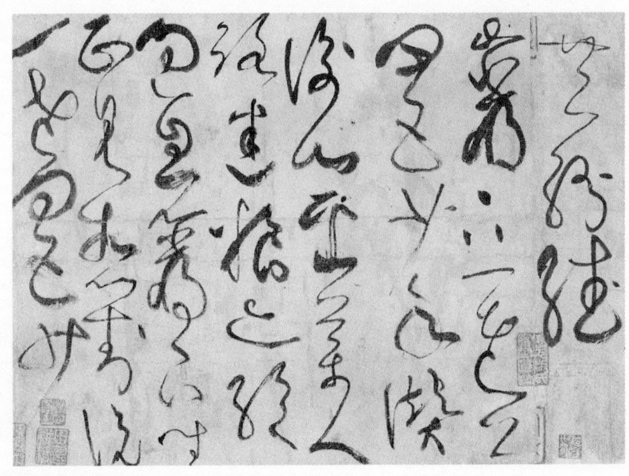

中國歷史朝代紀年表 （舊石器時代至清朝）

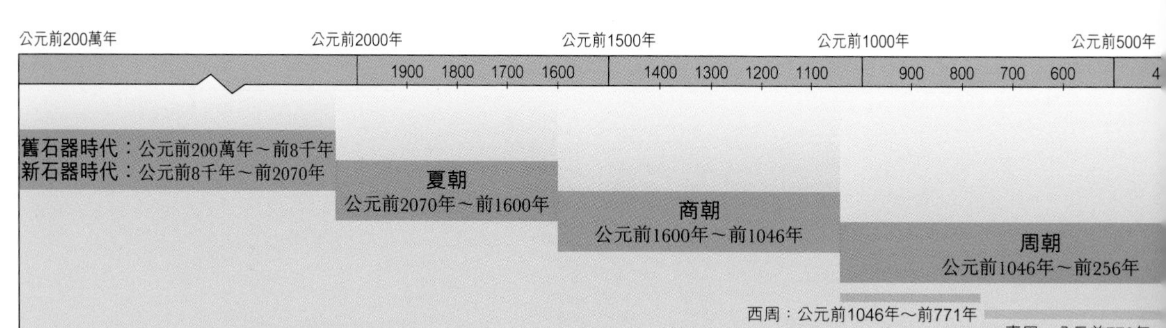

註："*"標示的朝代，是由北方民族建立的政權。

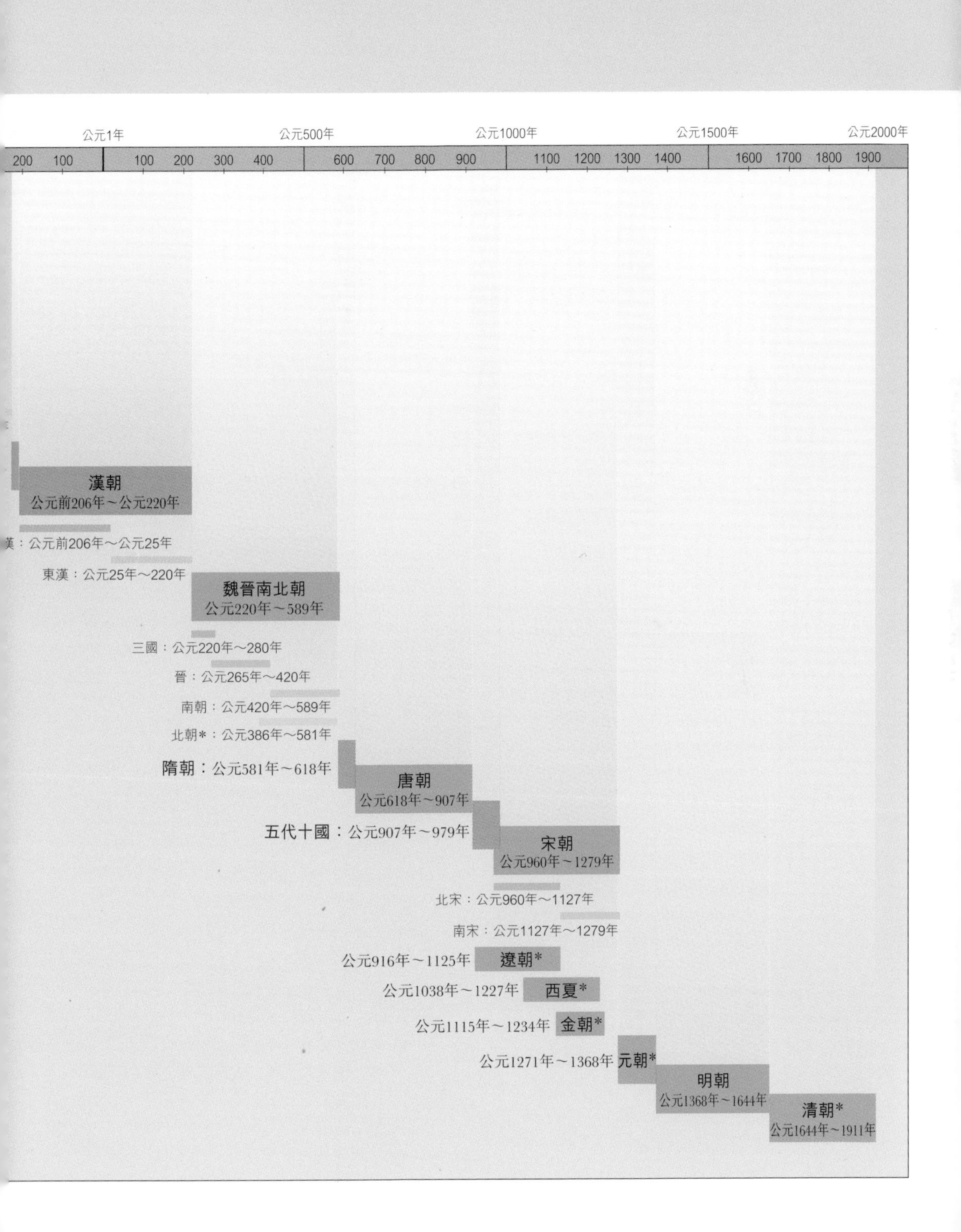

公元1年
公元500年
公元1000年
公元1500年
公元2000年
200 100 100 200 300 400 600 700 800 900 1100 1200 1300 1400 1600 1700 1800 1900
漢朝
公元前206年～公元220年
漢：公元前206年～公元25年
東漢：公元25年～220年
魏晉南北朝
公元220年～589年
三國：公元220年～280年
晉：公元265年～420年
南朝：公元420年～589年
北朝*：公元386年～581年
隋朝：公元581年～618年
唐朝
公元618年～907年
五代十國：公元907年～979年
宋朝
公元960年～1279年
北宋：公元960年～1127年
南宋：公元1127年～1279年
公元916年～1125年 遼朝*
公元1038年～1227年 西夏*
公元1115年～1234年 金朝*
公元1271年～1368年 元朝*
明朝
公元1368年～1644年
清朝*
公元1644年～1911年

歷史知識庫

* 名詞按筆畫順序排列，數字是該詞在本書出現之頁碼

九品中正制（45）
魏晉南北朝時期一種重要的官吏選拔制度，主要是透過品評州郡人士的家世、才德來將他們定為九等，按等授官。九品中正制選官的原意是才德、家世兼重，可惜負責品評的官員後來被世家大族所把持，只論家世，造成門閥政治的出現。

大化革新（93）
公元645年日本模仿唐朝制度推行的社會政治變革運動。當時是大化元年，故名。其主要內容為確立中央制、廢土地私有、編家戶籍等。改革後，日本建立了中央集權制的天皇制國家，在日本歷史上有重大意義。

《大唐西域記》（79）
由玄奘及其弟子撰寫，共十多萬字，是唐朝有關西域地理歷史的著作。書中記載了玄奘親身經歷和由傳聞得知的一百三十多個國家、地區和城邦，包括高昌、吐火羅、天竺等。並描述各國的地理形勢、水陸交通、氣候、物產、民族、語言、政治、宗教、文化等，有助研究中亞及南亞歷史。

屯田運動（38）
漢武帝利用謫戍罪犯和招募農民開墾荒地，或以士兵在駐紮的地區耕種，生產糧食以供軍隊所需的一種措施。這種措施在漢朝以後一直盛行，保證了邊防軍隊的糧餉，對開拓邊疆可耕地和鞏固邊防有積極作用。

日耳曼（34）
印歐民族的一支，約公元前5世紀時分佈於今東歐、中歐及北歐一帶。後來分為東、西、北三支。東、西支於公元4～5世紀與斯拉夫人聯合消滅西羅馬帝國，北支留於北歐。日耳曼人在境內與其他民族不斷融合，公元5世紀後建立法蘭克王國，到9世紀中一分為三，分別奠定了近代德國、法國、意大利一帶疆域範圍。

文殊（63, 92）
佛教菩薩之一，全稱“文殊師利”，在佛經中被譽為“智慧最勝”，是四大菩薩之一。在佛教繪畫中，文殊多騎在獅子上，象徵智慧和勇猛。在中國有很多佛徒信奉文殊菩薩，傳說山西五台山是文殊菩薩的道場，故成為朝聖之地。

王羲之（68）
公元321年～371年（一說是公元303年～361年）
東晉書法家、文學家。王羲之出身世族，官至右軍將軍，所以又稱王右軍。他少時跟隨衛夫人學習書法，博覽古代名家作品。王氏精於各種書體，如行書、楷書、草書等，他的書法作品《蘭亭序》被譽為“天下第一行書”。

代田法（29）
西漢農官趙過發明的一種輪作法。將一畝地分為三分，每年輪流耕作，以保養土地肥力，增加收成。代田法在漢朝通行於中國北方的乾旱地帶，如河東、弘農等黃土高原風旱嚴重的地區，取得了“用力少而得穀多”的成效。

史思明（73）
公元703年～761年
唐朝邊將，為西域粟特人，發動安史亂事的人物之一。他得安祿山推薦當上平盧兵馬使。安史亂起，他為安祿山攻城掠地。在亂事後期，他殺掉安慶緒，自立為帝，最後被兒子史朝義所殺。

玄奘（7, 79, 94, 101）
公元600年（一說為602年）～664年
唐朝僧人，也是翻譯家和旅行家。十三歲出家，公元627年自長安出發，西行求法。他沿途經高昌、龜茲、粟特、吐火羅等國，最後入天竺國，此行歷時十七年，行程五萬里。玄奘帶了眾多佛學典籍返國，並在大慈恩寺主持譯經工作，後來創立唯識宗，對中國佛教的發展有重大影響。

《史記》(21, 32)
由西漢司馬遷撰寫，記事始於傳說中的黃帝，迄於漢武帝，歷時三千餘年，《史記》是中國第一部紀傳體通史，歷代的正史撰述都仿效它的體裁。

司馬遷 (32)
公元前145年～前87年
西漢史學家、文學家。十歲開始研習古文書傳。後繼承其父司馬談之職，擔任太史令，負責觀天時編星曆，管理皇家圖書。公元前99年，他為投降匈奴的將軍李陵辯護，得罪武帝而受宮刑。自此，他發憤著書，用了十多年完成了《史記》。

石窟寺 (65)
一般開鑿在山上的寺廟建築，內有佛像或佛教故事的壁畫和石刻，是僧人潛心修行、靜思佛理的地方，也有信徒捐錢開窟以積功德和表示對佛和菩薩的崇敬。石窟內的佛像和壁畫，今天都成了極具歷史價值的藝術珍品。

白蓮教 (85)
南宋至近代流行的宗教，源於佛教之淨土宗。當時，淨土宗有聚合信徒唸佛的活動，稱白蓮社或蓮社。後有僧人慈照在結社上創建新門，稱白蓮宗，即白蓮教，信奉阿彌陀佛，提倡唸佛持戒，包括不殺生、不偷盜、不邪淫、不妄語和不飲酒五戒，以求往西方淨土。白蓮教在明清時期一度成為反政府組織，發動了多次起事，打擊政府統治。

匈奴 (7, 14, 35, 37~40, 42, 52)
中國古代北方遊牧部族之一，以畜牧為主，部落聯盟首領稱“單于”。戰國時匈奴遊牧於燕、趙、秦以北，公元前3世紀末以後，統一蒙古高原，勢力漸大。秦漢時期，匈奴因南下進侵令西北地區經常爆發戰爭。公元48年，匈奴分裂為南北兩部，南匈奴歸附於漢。北匈奴在公元1世紀末為漢所敗，後西遷，有指他們即歐洲史上的匈人(Huns)，但未有確證。

吐谷渾 (84, 88, 89)
約於公元4～7世紀建國，活躍於今中國青海、甘肅、四川等地。吐谷渾本為鮮卑一支，後遷到今甘肅一帶，統治今青海、甘南地區的羌、氐族，並建立國家，以吐谷渾為姓氏、族名和國號。吐谷渾人主要從事畜牧、農耕等。公元663年，吐谷渾被吐蕃所滅。

竹林七賢 (62, 68)
魏晉時期七位文人，包括嵇康、阮籍、山濤、向秀、劉伶、阮咸、王戎，他們生性放達，不拘禮法，以老莊的精神為寄託，常到山陽(今河南修武)竹林中聚集，飲酒辯論玄理，很受當時的士大夫稱頌。

安息帝國 (23)
古代世界四大帝國之一，西方史家稱之為“帕提亞帝國”，位置約在今天的伊朗地區。公元前2世紀後期，安息帝國佔領了伊朗高原及兩河流域地區(底格里斯河和幼發拉底河)，是羅馬帝國與中國貿易交通的必經之地。公元1世紀中葉，安息帝國開始衰落，在公元224年被波斯所滅。

西域都護府 (36)
西域都護是漢朝駐西域最高級的軍政長官，官府設在烏壘城(今新疆輪台東北)，負責監護西域諸國。西漢滅亡後，都護一職曾廢置，至公元91年，東漢班超平定西域，再次出任西域都護，駐守龜茲境內乾城(今新疆庫車附近)。公元107年，西域又再起亂，從此不再設都護。

安祿山 (73)
公元703年～757年
唐朝邊將，為西域粟特人，發動安史亂事的人物之一。他曾身兼平盧、范陽、河東三鎮的節度使，掌握當時東北一帶的軍、政、財權。公元755年，安祿山自范陽起兵，以討伐宰相楊國忠為名，發動叛亂，歷時八年。他曾稱帝，最後被兒子安慶緒所殺。

歷史知識庫

伊斯蘭教（83~85）
現今世界三大宗教之一，在中國也稱回教、清真教或天方教，在公元7世紀初，由穆罕默德於阿拉伯半島的麥加城創立。伊斯蘭教信奉真主“安拉”為唯一的神，以《可蘭經》為經典。伊斯蘭教於唐朝傳入中國，並於元朝時全面發展，自此一直在中國某些地區流行。

李世民（唐太宗）（7, 70, 73, 83, 89）
公元598年～649年
唐朝第二代皇帝。公元626年，李世民發動政變，殺死太子建成和弟弟元吉，迫其父退位，稱“玄武門之變”。即位後，太宗任用賢能，虛懷納諫，令社會安定，出現貞觀之治的盛平景象。對外方面，他征服了東突厥、吐谷渾等部族，被西域各族尊稱為“天可汗”（可汗是西域各族君長的稱謂）。

李光弼（73）
公元708年～764年
唐中葉的著名外族將領，本為契丹酋長，後附於唐。李光弼擅長騎射，精於用兵，在安史之亂中多次擊敗叛軍，是平定亂事的主要功臣。

門閥（45）
即門第及閥閱，“門第”是指家庭世族的社會地位，“閥閱”是指功績資歷。門閥是自東漢末年九品中正制出現而逐漸形成的價值觀念，注重家世，使世家大族世代擔任高官厚職，成為左右政治的巨大勢力，他們佔有土地，擁有雄厚的經濟實力。世家大族間又利用婚姻相互聯結，鞏固家族地位，形成特權階層，與平民庶族有着不可逾越的界限。

佃農（46）
佃農在漢朝的莊園經濟中是一個重要的階層，但卻是地位低下的階層，他們向莊園主租借土地耕作，以部分收成作為地租。此外，他們也要負責莊園中的各種雜役。

河西走廊（39, 58~60, 66, 88, 89, 96, 97）
從甘肅省蘭州至敦煌、武威、張掖、酒泉和嘉峪關，稱為河西走廊，是古代絲綢之路必經之地。其位置在中國甘肅省西北部祁連山以北、合黎山和龍首山以南、烏鞘嶺以西的狹長地帶，東西長1000公里，南北寬100～200公里，因在黃河之西而得名。

阿拉伯帝國（72, 78, 82, 85）
在公元7～13世紀由阿拉伯人建立，位於阿拉伯半島。中國人稱為“大食”。它是一個以伊斯蘭教為共同信仰、政教合一的國家。其帝國版圖曾包括了歐、亞、非三大洲，盛極一時。公元751年，唐朝安西節度使高仙芝曾出兵大食，大敗而回。

秀骨清像（66）
繪畫人物的造形之一，南北朝時期在中原地區廣為流行。人物形貌的特徵是額闊、臉形尖削、眉呈楞角，顴骨、下巴突出，身體清瘦，衣飾寬鬆，具飄逸的韻致，反映當時社會的審美觀。

佛教（7, 57, 63~66, 79, 83, 85, 89~93, 99, 103）
現今世界三大宗教之一。公元前5、6世紀時由釋迦牟尼所創。相傳西漢末年已於印度傳入中國，東漢以後，在魏晉南北朝時期進一步流行。佛教於唐朝時極盛，並和儒、道融合，自此一直發展。佛教對中國的思想文化、交通發展以及社會風俗等各領域都有極大的影響。

波斯薩珊王朝（78）
公元224年～651年
古代伊朗王朝，以祆教（拜火教）為國教。於北魏時期已有遣使來中國。隋朝時與中國的接觸更多。薩珊王朝時期的藝術，融合了古代東方與西方的特色，別樹一幟。其中精美的金銀錢幣稱著於世，流傳到多個地方。

亞歷山大大帝（43）

公元前356年～前323年

古代馬其頓國王，曾學於亞里士多德門下，是位出色的軍事統帥。公元前334年，他發動了侵略亞洲和非洲的遠征，歷時十年。通過遠征，亞歷山大建立了一個橫跨歐、亞、非三洲的龐大帝國，促進了希臘和亞洲、非洲各國的經濟和文化交流。

松贊干布（88, 89, 91）

公元？年～690年

藏族吐蕃王國的創建者。公元629年繼承贊普之位，削平內亂，統一青藏高原。他在大臣祿東贊協助下，正式建立吐蕃王國。公元641年，他迎娶文成公主，與唐朝和親。其後他派遣貴族子弟到長安入國學，習詩書，又請唐朝造酒、造紙等工匠回國，促進了兩地的文化交流。

東羅馬帝國（78, 82）

自公元396年羅馬帝國分裂為東、西羅馬帝國，東羅馬帝國在君士坦丁堡建都，又稱"拜占廷帝國"，領土以巴爾幹半島和小亞細亞為主，橫跨歐、亞、非三洲，手工業、商業發達，城市繁榮。至1453年，為鄂圖曼帝國（Ottoman Empire）所滅。

科舉考試（7, 71, 93, 103）

隋唐之際新興的選拔官吏制度。隋朝立國後，九品中正制廢弛，設置進士科，是為科舉制的發源。科舉於唐朝時發展完備，分常科及制科，常科每年舉行，有明經、進士等科，制科由皇帝特旨召試，有直言極諫、賢良方正等科。科舉制以考試取士，為寒門書生開闢了一條入仕之路。

粉本（66, 102）

即畫稿，專供複製之用。粉本的使用方法，有兩種説法：一是用紙或絹覆在勾勒了墨線的畫稿上依樣繪圖；二是用針沿畫稿墨線刺孔，覆於紙或絹上後，從孔中透墨或撲粉到紙或絹上，然後按着圖案痕跡進行描繪。

高仙芝（73, 86）

公元？年～756年

唐玄宗時期著名的外族將領，高麗族人，驍勇善戰，二十歲即出任將軍。公元747年，高仙芝出兵西域，平小勃律之叛亂，因功領安西四鎮節度使之職。公元750年，被大食軍所敗，軍中造紙工匠被俘，造紙術因此西傳。安史亂時駐守潼關，因受誣告而被殺。

秘色瓷（98）

相傳這種瓷器是五代時期南方越國的工匠專門為宮廷燒製的。他們規定臣民皆不能使用，因此很少流傳到民間，甚至連它的釉色配法、燒製工藝也未傳外人。一直以來，這種瓷器只見於文獻而不見於實物，秘色瓷之名因此而來。直到1987年，考古學家在陝西法門寺地宮發掘出唐懿宗供奉的秘瓷十六件，秘色瓷才再現於世。

《秦律》（8, 12）

秦朝頒佈的律法規條，包括刑法、民法、經濟法、行政法、訴訟法、軍事法等類別，內容涉及農業、手工業、商業、徭役、賦稅、軍爵賞賜等，大至官員任免，小至甚麼人穿甚麼衣服都有明確規定，並嚴格執行，成為秦人的生活準則。裡面還記載大量酷刑，可見秦朝"嚴刑酷法"的面貌。

哥舒翰（73）

公元？年～757年

唐玄宗時期的著名外族將領，本為突厥族，勇而有謀，出任河西節度使。安史亂時，哥舒翰代高仙芝堅守潼關，宰相楊國忠懼其不利於己，強令他出關迎戰叛軍，結果中伏大敗。後被安祿山之子安慶緒所殺。

飛天（67）

佛教壁畫或石刻中在空中飛舞的神。梵語稱神為"提婆"，因"提婆"有"天"的意思，所以漢語譯為"飛天"。飛天多見於佛教石窟壁畫上，雖沒有翅膀，卻能在空中飛舞奏樂，滿壁生動。

歷史知識庫

曹植（69）
公元192年～232年
三國時期魏國人，是曹操的兒子。自幼廣讀詩賦，有才學，惹來哥哥曹丕猜忌。曹丕稱帝後，曹植在政治上鬱鬱不得志。曹植的文學成就很高，詩、賦、散文皆有名篇傳世，如千古名篇《七步詩》、《洛神賦》等等，成語“才高八斗”說的就是曹植。

莫高窟（43, 65, 67）
位於甘肅省敦煌市東南面約25公里，是中國四大石窟之一，始建於東晉。公元366年，樂僔和尚路過此地，傳說他忽見金光閃耀，似有千佛顯現，認為這就是佛家聖地，於是四處募捐，在該處開鑿了第一個石窟，此後石窟開鑿延續了千年，現存洞窟達到四百九十二個。洞內繪滿反映民生或佛教故事的壁畫，塑像二千尊以上，是現存規模最宏大、保存最完整的佛教藝術寶庫。

基督教（7, 65, 85）
現今世界三大宗教之一。公元1、2世紀形成於羅馬帝國東部，奉耶穌為救世主。公元4世紀成為羅馬帝國國教。後於公元11世紀分裂為天主教和東正教，東正教演化成今日之基督教。基督教於唐朝傳入中國。

陶淵明（68）
公元367年～427年
即陶潛，魏晉時期傑出的詩人。他二十九歲開始做官，經歷官場黑暗，發覺自己“性本愛丘山”，於是歸隱田園。到四十一歲因家貧而再任縣令，但當了八十多天後再辭官。陶淵明一生創作了很多不朽的田園詩文，計有《桃花園記》、《歸園田居詩》、《飲酒詩》等。

陰陽五行（23, 24, 33）
商末周初形成的學說，即陰陽說和五行說。陰陽說主張宇宙萬物皆由陰陽二氣所構成，兩種勢力互相消長；五行說主張宇宙萬物及其無限變化都是由金、木、水、火、土五種元素構成。兩種說法互相補充，解釋了宇宙間萬事萬物的演變。在戰國時發展為陰陽家學派，以鄒衍為代表人物。

麥積山石窟（64）
位於甘肅天水麥積鄉，是中國四大石窟之一，始建於公元384年，在該處一突起的山峰上開鑿洞窟，歷代不斷開鑿、重修。該石窟現存洞窟一百九十四個，其中泥塑、石雕七千二百餘件，壁畫超過1300平方米。

婆羅門（83, 84）
印度古代宗教，相傳約於公元前7世紀形成，以崇奉婆羅賀摩而得名。

猶太教（84）
約於公元前6世紀形成，是猶太人信奉的一種宗教，奉耶和華為唯一真神。耶路撒冷和聖殿是猶太教徒宗教生活的中心。猶太教對伊斯蘭教和基督教的形成也產生影響，尤其是基督教，承襲其宇宙起源的理論、十誡等教義。

渾天說（33）
中國古代關於天體結構的學說之一，最早始於戰國時期，認為天地都是圓的。東漢天文學家張衡寫的《渾儀圖注》就將天地比喻為一隻雞蛋，天是蛋殼，地是蛋黃。天在外，地在內，天會轉動而地則常靜。又指出：“天大而地小。天地都乘氣而立，載水而浮。”這種對宇宙結構的觀念，在中國流行了很長時間。

華佗（33）
公元？年～208年
東漢後期醫學家，擅長外、內、婦、兒、針灸各科，尤精於外科，華佗當時已掌握了麻醉技術，對腹背需施手術的病人，他便以酒服麻沸散進行麻醉，手術後將傷口縫合，敷以藥膏，據說傷者在短期內可痊癒，這證明早在公元2世紀，中國的外科手術和麻醉技術已達相當高的水平。

犍陀羅（86）
犍陀羅地區，即今巴基斯坦北部及阿富汗東部一帶。曾從屬波斯帝國，公元前4世紀，又納入亞歷山大帝國的一部分，其後又歸於希臘人。印度阿育王（公元前238年～前232年）曾派人到犍陀羅傳佈佛教，到公元1世紀上半葉，犍陀羅成為佛教中心，佛教藝術大大發展，並開始以人的形象雕刻佛像，風格受到波斯、希臘、羅馬藝術影響，形成獨特的犍陀羅藝術，並隨佛教在公元4世紀傳入中國。

雲崗石窟（65）
位於山西大同，是中國四大石窟之一，開鑿於公元453年。北魏君主大力推崇和扶持佛教，使雲崗石窟成為王室貴族的修功德做佛事的場所。這兒著名的釋迦牟尼露天坐像，據説是依照北魏皇帝道武帝的形貌塑造的。窟內的雕刻也達到很高的藝術成就。

凱撒（Caesar）（8）
公元前100年～前44年
古羅馬時期出色的政治家、軍事家，善於治軍，有謀略。凱撒憑藉在高盧戰爭及羅馬內戰中的勝利，獲得終身獨裁官、執政官、大將軍、大教長等職銜，集軍、政、司法大權於一身。

張衡（33）
公元78年～139年
東漢時期的天文學家、文學家、思想家。他對中國古代的天文學有很大貢獻，製造了水力轉動的渾天儀，上畫二十八宿、黃道、赤道等，顯示出天體運轉情況；又製造了候風地動儀，是世界上公認最早的地震儀。

奧古斯都（Augustus）（8）
公元前63年～公元14年
羅馬帝國的第一位皇帝，是凱撒的侄兒（十九歲時被凱撒收為養子）。他本名渥大維（Octavianus），後被尊稱"奧古斯都"（是神聖、偉大的意思）。他原是騎士，利用凱撒的威望登上羅馬政壇，公元前27年改組元老院，創立元首制，集大權於一身。在他的管治下，羅馬帝國的經濟及文化各方面大大發展。

道教（24）
東漢中後期出現，源於西漢盛行的黃老學説中的部分思想內容，以及結合了民間流行的巫術、神仙方術等，東漢末年，分為五斗米道及太平道。太平道後來式微，五斗米道則演變為天師道，成為現今道教的正宗。

《傷寒雜病論》（33）
東漢醫學家張仲景所著，約於公元205年成書，是世界上第一部臨床醫學經驗總結的著作。書中分析了當時各種流行病的病因、症狀、發展階段和處理方法，提出根據病情深淺變化而施以不同治療方法，是中國醫學發展史上影響最大的著作。至今中醫的許多診治原則，就是《傷寒雜病論》所創的。

鳩摩羅什（64）
公元344年～413年
魏晉南北朝時期的後秦僧人，是著名的佛教譯經家。他在龜茲出生，七歲時隨同母親出家，曾遊歷天竺，學習大小乘的佛經理論。公元401年，後秦君主姚興迎接鳩摩羅什到長安，以國師之禮相待，讓他在長安主持譯經工作。譯出的佛經有《妙法蓮華經》、《金剛般若波羅密經》等，還有《十二門論》、《成實論》等。

蓋天説（33）
中國古代關於天體結構的學説之一，最早形成於西周初年，以《周髀算經》一書為代表。此説認為天是圓的，像蓋着的斗笠，地是方的，像扣着的大盤子，日月星辰隨天蓋而運動，大地則靜止不動。東漢末年的蔡邕指以這種學説來觀察天文現象，不甚準確，所以史官不用，而採用渾天説。

歷史知識庫

漢武帝（7, 8, 14, 23~29, 33~43）

公元前156年～前87年

漢朝第六代皇帝。武帝即位之時，經過文景之治，國力已復，加上他雄才大略，使漢朝成為中國歷史上最強盛的朝代之一。他對外北伐匈奴、南征百越、經營西域、東征朝鮮。對內則加強中央集權，廣泛任用人才參與國策，派官員考察地方吏治。他獨尊儒術，設立太學培養人才，又推行新經濟政策，如官營鹽鐵業，避免社會財富被豪強壟斷。

僕固懷恩（73）

公元？年～765年

唐肅宗、代宗時期著名的外族將領，是鐵勒族仆骨部人。安史亂時，隨朔方節度使郭子儀討伐叛軍，屢立戰功，是平定亂事的主要功臣。

漢景帝（23）

公元前188年～前141年

漢朝第五代皇帝，與其父文帝都是有作為的君主，後世史家把文、景二帝的統治（公元前179年～前141年）合稱為"文景之治"。他們對內鼓勵農業生產、輕徭薄賦，改革刑法，對外採用和親政策，以婚姻關係籠絡匈奴，保障國家安定。漢朝經濟在這期間得以全面發展，令國家從建國初年的凋敝恢復過來。

維摩詰（63）

佛教菩薩之一，簡稱"維摩"。佛經中的維摩雖是菩薩，卻妻妾滿室，並經常出入酒肆、賭場、妓院，不過，他的目的是要化度眾生，"示欲之過"，故此功德無量。他精通佛理，以辯才著名，《維摩經》就是透過維摩與佛弟子辯論，論述了佛教很多基本問題。

摩尼教（84）

公元3世紀中葉由波斯人摩尼（Mani）所創立的宗教，中國稱之為明教、牟尼教等。摩尼教在唐朝由波斯人傳入中國，其教義是糅合波斯原有的祆教、印度傳入的佛教和東羅馬傳入的基督教而成。

劉邦（23, 26）

公元前256年～前195年

西漢王朝的開國皇帝，於公元前202年稱帝，在位七年。他出身農家，早年當過亭長。公元前209年，陳勝吳廣反秦，他也受擁戴聚眾響應，轉戰各地。公元前206年，秦滅亡後，形成劉邦與項羽之爭，長達四年。劉邦知人善任、注意納諫，運用計謀聯合反項羽的力量，最後項羽自殺，劉邦遂得天下。

劉伶（63）

約公元221年～300年

魏晉時期文人，曾在魏國任官。到西晉初，武帝召問劉伶對策，他主張無為而治，因而被黜免官職。他反對西晉以虛偽禮教治國，於是嗜酒佯狂，放浪形骸。一天有賓客來訪，見他不穿衣服，因而責問。他說："我以天地為棟宇，屋室為褌衣。諸君何為入我褌中？"被視為他放浪生活的寫照。

衛青（36）

公元前？年～前105年

漢武帝時期抗擊匈奴的名將。由公元前129年起，他先後七次出擊匈奴，在前119年一役擊退匈奴，漢軍佔領朔方（今內蒙古境內）以西至張掖、居延一帶，保障了河西走廊的安全，獲武帝封為大司馬大將軍。總結衛青戰績，他捕獲及斬殺敵軍共五萬餘人，受的封賞達一萬六千多戶。

霍去病（35）

公元前140年～前117年

漢武帝時期抗擊匈奴的名將。為大將軍衛青之外甥，與衛青齊名。霍去病年少時已隨衛青出戰，二十歲便當上驃騎將軍，前後六次出征匈奴。在公元前121年兩次出征，大大打擊了匈奴勢力，四萬餘匈奴人歸順漢朝，使漢朝控制了河西地區，打通往來西域之路。他靈活制訂作戰策略，打仗時擔任先鋒，身先士卒，勇猛無匹。

穆罕默德（85）

約公元570年～632年

伊斯蘭教始創人。幼時父母雙亡，隨伯父到敘利亞經商。公元610年，他宣稱受真神呼召，成為其使者，其後在麥加一帶傳教，但受到反對而被逐。穆罕默德希望奪回麥加以傳教，於是他建立了軍隊，發動戰爭，統一了阿拉伯半島，此後，伊斯蘭教在當地成為居統治地位的宗教。

鮮卑（34, 52~55, 69, 70, 72）

中國古代北方遊牧部族之一，居於今東北、內蒙古一帶，以畜牧為主。公元1世紀末，乘匈奴衰弱，鮮卑漸漸強盛起來，公元4世紀，在中國北方建立北魏政權。孝文帝在位時推行漢化，鮮卑人不斷吸收漢文化，漸與漢人融合，到隋唐後與漢族更趨同化。

龍門石窟（98, 99）

位於河南洛陽南面伊河兩岸的山崖，是中國四大石窟之一。龍門石窟以佛像雕刻著名，在公元6世紀北魏末年是開窟造像的第一個高峰，然後到7世紀末的初盛唐，尤其唐高宗和武則天時期是第二個高峰。現存窟龕有三分之二是唐朝時開鑿的。當時皇室貴族大官都在此捐錢開鑿石窟和雕刻佛像，其中以奉先寺的室外大型佛像為代表，該佛像是高宗為悼唐太宗而建的。

韓愈（98）

公元768年～824年

唐朝著名的文學家、思想家。自幼刻苦勤學。公元792年中進士，但仕途不順，一次因上《諫迎佛骨表》而被唐憲宗貶官。韓愈在文學上有大名，主要成就在倡導唐代的古文運動，主張"文以載道"，認為文章是用來說明道理的，影響深遠。

彌賽亞（85）

基督教中所信的救世主，信徒相信在祂第二次出現人前，就是末日審判的時候。

羅馬帝國（7, 8, 12, 23, 28, 34, 40, 43, 52, 81, 84）

古代四大帝國之一，由公元前27年～公元476年佔據整個地中海地區的國家。公元前27年，奧古斯都創立元首制（"元首"解作"第一公民"或"首席元老"），即近君主制，標誌羅馬由城邦發展到帝國階段。公元3世紀羅馬帝國開始衰落，公元396年分為東西羅馬帝國，西羅馬在公元476年被日耳曼人消滅，東羅馬在公元1453年滅亡。

顧愷之（68）

約公元345～406年

東晉著名畫家、書法家，亦擅長詩賦。當時人們稱他為"三絕"，即"才絕、畫絕、癡絕"。他多繪畫人像、佛像、禽獸及山水，畫人物時尤重"點睛"，盡量做到"形神兼備"。傳世作品有《烈女仁智圖》、《女史箴圖》、《洛神賦圖》等。

詞條索引

十二畫

十三畫

十四畫

十五畫

十六畫

十七畫

十八畫

十九畫

二十一畫

廿四畫

* 括號內的詞為該檢索用詞的別稱

圖片索引

圖片索引

本書獲以下單位提供資料及圖片，特此鳴謝：

日本宮內廳正倉院事務所

圖片提供：

商務印書館（香港）有限公司及其出版之
《中國地域文化大系》之《東北文化》、《吳越文化》、《河隴文化》、《草原文化》、《齊魯文化》，《敦煌石窟全集》之《本生因緣故事畫卷》、《民俗畫卷》、《佛教東傳故事畫卷》、《阿彌陀經畫卷》、《科學技術畫卷》、《飛天畫卷》、《報恩經畫卷》、《舞蹈畫卷》、《尊像畫卷》等

本書是《圖說中國的文明》分卷本，此次出版新增了部分內容

圖說中國的文明・中

帝國的塑造（秦朝至唐朝）

出 版 人：陳萬雄
顧　　問：李學勤　葛兆光
編　　著：劉　煒　張倩儀
責任編輯：蘇　榮　李德儀
封面設計：Foremedia Design & Production
版式設計：陳穎欣
出　　版：商務印書館（香港）有限公司
香港筲箕灣耀興道3號東滙廣場8樓
http://www.commercialpress.com.hk
印　　刷：美雅印刷製本有限公司
九龍觀塘榮業街6號海濱工業大廈4樓A
版　　次：2003年7月第1版第1次印刷

ISBN 962 07 5444 1
Printed in Hong Kong